돈이 되는
취미생활

덕업일치를 꿈꾸는 분들을 위한 실전 코칭
라탄 공예

돈이 되는 취미생활 / 덕업일치를 꿈꾸는 분들을 위한 실전 코칭
라탄 공예

ⓒ문가람 2022

초판 1쇄 발행 : 2022년 11월 11일

지 은 이 : 문가람
펴 낸 이 : 유혜규
디 자 인 : 김연옥

펴낸곳 : 지와수
주소 : 서울 서초구 잠원동 35-29 대광빌딩 302호
전화 : 02-584-8489 팩스 : 0505-115-8489
전자우편 : nasanaha@naver.com
출판등록 : 2002-383호
지와수 블로그 : http://jiandsoobook.co.kr

ISBN : 978-89-97947-33-1 13630

* 책 값은 뒤표지에 있습니다.
* 잘못된 책은 바꿔드립니다.
* 이 책의 전부 또는 일부 내용을 재사용하려면 반드시 사전에
  저작권자와 지와수 양측의 서면 동의를 받아야 합니다.

돈이 되는
취미생활

덕업일치를 꿈꾸는 분들을 위한 실전 코칭

라탄 공예

문가람 지음

프롤로그

취미가 돈이 되려면 현실적인 고민이 필요하다

'공방'은 꽤 오래된 나의 버킷리스트였다. 죽기 전에 한 번은 꼭 해야겠다고 생각했고 그 시점이 50대 이후일 것이라고 생각하며 살았다. 하지만 서른 살이 되던 해 창업을 결심하게 된 이유는 간단했다. 지금 하지 않으면 후회할 것 같았기 때문이다. 망해도 빨리 망하자는 마음으로, 그래도 한 번뿐인 인생, 하고 싶은 건 해보자는 마음으로 저지른 일이었다.

돌이켜보면 아무것도 몰랐고 젊어서 가능했던 도전이었다. 교사 생활 만 7년, 창업에 대해서는 아무것도 몰랐던 나는 상가를 계약하는 것부터 재료를 구입하는 것까지 모든 것이 처음이었다. 맨땅에 헤딩하듯 하나씩 다 부딪혀가면서 경험했고 그 경험들은 지금의 공방을 만들었다.

2년 안에 망할 거라 생각하며 도전했던 공방 창업은 햇수로 4년을 바라보고 있다. 여전히 혼자 고군분투하고 있지만 나는 버킷리스트를 이룬 뿌듯함과 내가 하고 싶은 일을 하며 산다는 즐거움으로 공방을 운영하고 있다.

창업을 결심할 즈음 나는 겁도 많고 주변 사람들의 시선을 꽤 신경 쓰는 사람이었다. 교사 일을 그만둘 때도 당당하게 '공방 창업하려구요!'라고 말하지 못했다. 대충 얼버무리면서 임신 준비를 위해 쉬어야 할 것 같다고 했다.

그렇게 둘러댔던 이유는 두 가지였는데, 첫 번째는 공방이 망하면 다시 학교로 돌아가야 하기 때문이었고, 두 번째 이유는 공방 창업을 위해 직업을 때려치우는 한심한 사람처럼 보이기 싫었기 때문이다. 생각해보니 이 두 가지 이유는 내가 자리 잡을 수 있게 해준 원동력 중 일부이기도 했다. 망할 걸 생각하고 창업했지만 막상 망하기는 싫었고, 이왕 시작한 거 멋지게 성공해서 내 선택이 옳았다는 것을 증명해내고 싶었다. 그렇게 하기 위해 나는 정말 열심히 했고 2020년, 2021년은 내가 가장 열심히 살았던 해라고 자부할 수 있을 만큼 많은 최선을 다해 살았다.

취미가 직업이 되었고 나는 내가 하고 싶은 일을 하면서 산다. 공방 오픈 초기에 수강생들이 창업에 대한 질문을 하거나 상담을 요청할 때면 나는 긍정적인 대답을 많이 했다. 하고 싶은 일을 하면서 사는 삶은 너무 행복하고 나의 일이기 때문에 더 열정적인 삶을 살 수밖에 없다며 희망적인 이야기들을 많이 했었다.

하지만 지금은 누군가 창업에 대해 물어오면 희망적인 이야기보다는 현실적인 이야기를 더 많이 한다. 아무리 작은 공방이라도 혼자 운영해 나가려면 생각보다 많은 시간과 에너지가 필요하고 취미일 땐 즐거웠지만 일이 되면 힘들고 지치는 부분도 분명히 있기 때문이다.

또한 직업이 되면 일정 수익이 생겨야 하는데 원하는 정도의 수익이 생기지 않을 수도 있고 일정하지 않은 수익에 스트레스를 받을 수도 있다. 취미일 땐 즐거웠지만 직업이 되면 마냥 즐길 수만은 없게 된다. 그렇기 때문에 현실적인 것에 대한 부분을 언급할 수밖에 없다.

책 출간을 제안 받았을 때, 어떤 내용을 담아야 하고 어떻게 써야 할지에 대한 고민이 많았다. 나는 동네에서 10평 남짓 되는 공방을 운영하고 있는 평범한 사람일 뿐이었고 나보다 더 멋진 삶을 사는 사람들도 많은데 내 이야기를 한다는 것이 부담스럽기도 했다.

하지만 나처럼 '취미가 돈이 될 수 있을까?'라는 고민을 해봤거나, 부업이든 직업이든 취미를 수익화하기 위해 준비 중인 사람들, 또는 나와 같은 마음으로 창업한 사람들에게 내 이야기가 공감과 도움이 되지 않을까 싶었다. 그래서 거창하게 생각하지 않고 공방에 수업을 들으러 오거나 창업 관련 상담을 요청하는 수강생들에게 이야기하듯 내 이야기를 담았다. 물론 내 이야기가 정답은 아니지만 새로운 도전을 하는 누군가에게는 작은 도움이 되지 않을까 한다.

책 후반부에는 내가 상품화시켰던 라탄 소품들의 성공과 실패 사례, 핵심 개발 포인트, 퀄리티를 높이는 작은 팁들에 관한 내용도 함께 담았다. 라탄 공예에 관심이 있고 부업이든 전업이든 수익화하고 싶거나, 꼭 '취미의 수익화'가 아니더라도 라탄으로 나만의 상품을 개발하고 싶은 분들에게도 도움이 될 것이다.

끝으로 내 꿈을 누구보다 응원해주고 나를 가장 믿어주는 사랑하는 남편 장영준, 존재만으로도 힘이 되고 위로가 되는 반려견 두루, 그리고 책 출간의 기회를 주신 지와수 유혜규 대표님께 감사의 마음을 전한다.

2022년 11월
문 가 람

차례

프롤로그
취미가 돈이 되려면 현실적인 고민이 필요하다 … 4

1장 내 인생을 바꾼 라탄과 만나다 … 12

라탄 공예와의 첫 만남 … 16
라탄의 매력에 흠뻑 빠지다 … 18
손가락 피부가 벗겨져도 괜찮아 … 22
똥손이면 어때? 정성만 있으면 OK! … 24

2장 취미가 돈이 될 수 있을까? … 28

취미로 만든 작품을 판 첫 경험 … 30
온라인에서 프랑스 자수를 판매하다 … 32

차례

마음만 먹으면 팔 수 있는 곳은 많다	34
아이디어스(www.idus.com)와 플리마켓	35
스마트스토어와 오프라인 소품 샵	37
부업으로 클래스 열기	39
수강생은 저절로 찾아오지 않는다	40
홈공방과 공간 쉐어	42
문화센터 출강강사	44
나만의 경쟁력을 갖추면 금상첨화	45
알려야 팔린다, SNS 홍보는 필수!	49
사진을 잘 찍어야 시선을 끈다	51
한계를 두지 않는 용기와 도전	53

3장 취미를 생업으로, 공방 창업   56

교사를 그만두고 공방을 열다	60
왜 하필 라탄이었나요?	64
간절함으로 올인해야 성공한다	67
내가 잘하는 것에 집중하는 것이 최선	73
1인 사업자는 몸이 열 개라도 부족하다	80
공방 창업하는 데 얼마나 들까?	85

4장   재미는 더하고, 완성도는 높여주는
라탄 핵심 기법   90

빈틈없이 탄탄하게 엮는 필수 기법   93
    바구니가 엉성하다면 날대 간격 체크   93
    틈 없이 촘촘하게 엮으려면 말랑말랑한 환심을 첫 사릿대로   94

날대가 부러졌을 경우, 새 날대로 교체하기   97

작품의 완성도를 높이는 마무르기 꿀팁   99
    감아 마무르기 후 틈 없이 밀착시키는 팁   99
    마무르기 후 안쪽 날대 정리하기   101

사각 바닥 곧게 짜기   103

바구니 몸통 곧게 올리기   105

두 줄 아래로 꼬아엮기로 안쪽으로 절단면 넣기   107

실용성과 멋을 살리는 뚜껑 만드는 방법 3가지   109
    뚜껑 만들기 ❶ 덮개형   110
    뚜껑 만들기 ❷ 바구니형   112
    뚜껑 만들기 ❸ 굽이 있는 뚜껑   116

포인트에 개성을 더해주는 세 줄 꼬아엮기 활용 기법   119
    세 줄 꼬아엮기의 활용 ❶ 바닥 굽 만들기   120
    세 줄 꼬아엮기 활용 ❷ 두 줄씩 나누어 엮기   122
    세 줄 꼬아엮기의 활용 ❸ 직각으로 올리기   125

세 줄 꼬아엮기와 세 번 엮어 마무르기로 심플하게 완성하기   126

차례

손잡이로 포인트 주기	129
손잡이 만들기 ❶ 우드볼 활용하기	130
손잡이 만들기 ❷ 5mm 환심 활용하기	132

되돌아 엮기로 개성 더하기	137
되돌아 엮기 활용 ❶ 칸막이 만들기	137
되돌아 엮기 활용 ❷ 동물 귀 만들기	140
되돌아 엮기 활용 ❸ 리본 만들기	144

5장 팔리는 상품은 뭐가 달라도 달라야 한다 150

일상의 모든 것에서 아이디어를 얻는다	152
01. 작고 앙증맞은 장난감 주방 도구 세트	154
02. 감성 육아템 싱크볼	156
03. 볼링 놀이가 가능한 라탄 볼링핀	158
04. 제주 여행 시그니처 라탄 한라봉	160
05. 자작나무 합판을 활용한 문패	162
06. 선물하기 좋은 라탄 액세서리	164
07. 하나씩 뽑아 쓰는 예쁜 라탄 여성용품함	166
08. 렌즈를 보호해주는 렌즈캡 홀더	168

수요보다 내 취향과 관심분야가 우선이다	171
09. 2개 판매하고 끝난 인형 전용 라탄 소품	172
10. 기대치에 못 미친 라탄 애견 소품	174
11. 실용성이 뛰어난 라탄 가방	176

나만의 개성이 돋보이는 시즌 상품 개발하기 … 180
- **12.** 신박한 아이디어 할로윈 호박 세트 … 182
- **13.** 행사 도우미 파티 세트 … 184
- **14.** 성인용 가방 축소 버전 유아용 가방 … 186

하나만 변화를 주어도 개성이 산다 … 188
- **15.** 부자재에 따라 용도가 달라지는 곰돌이 소품들 … 190
- **16.** 칸막이 하나로 특별해진 사각 바구니 … 192
- **17.** 포인트가 있는 전등갓 … 194
- **18.** 덮개형 휴지 케이스와 뚜껑형 휴지 케이스 … 196
- **19.** 뚜껑을 응용한 동물 수납함 … 198
- **20.** 네온 컬러로 포인트를 준 가방 … 200
- **21.** 원단으로 계절감을 살린 가방 … 202
- **22.** 손잡이에 따라 느낌이 달라지는 바구니 … 204
- **23.** 활용도가 높은 지퍼와 안감이 있는 바구니 … 206
- **24.** 나만의 디자인 컵홀더 … 208

1장

내 인생을 바꾼
라탄과 만나다

나는 손으로 만드는 것을 좋아해 캘리그라피, 꽃꽂이, 프랑스 자수, 베이킹 등 다양한 취미생활을 했다. 무언가에 꽂히면 바로 실행하는 성격이었지만 싫증 또한 빨리 느껴 1년 이상 지속하기가 어려웠다. 하지만 라탄은 달랐다. 이상하게 라탄은 하면 할수록 빠져들었다. 피부가 약해 라탄을 엮기만 하면 손가락 피부가 다 벗겨졌지만 그래도 포기할 생각이 들지 않을 정도로 라탄은 매력적이었다. 결국 라탄은 내 평생의 업이 되었다.

라탄 공예와의 첫 만남

나는 결혼을 하기 전까지 퇴근하고 바로 집으로 들어가 쉬는 날이 손에 꼽힐 정도로 적었다. 퇴근하고 대형마트나 백화점 문화센터 등을 다니면서 무언가를 계속 배우거나, 인터넷을 검색하면서 독학으로 새로운 취미 활동을 이어갔다. 캘리그라피, 꽃꽂이, 베이킹, 커피, 사진, 프랑스 자수 등 다양한 취미를 찾아다녔고. 그러다 만난 것이 라탄 공예였다.

라탄을 만나기 전 웬만한 공예는 다 한 번씩 시도해본 상태여서 익숙했다. 그런데 '라탄 공예'는 생소했다. 라탄이라고 하면 동남아에서 들여오는 소품이나 가방 정도로만 생각했는데 그 외에도 다양한 공예품을 만들 수 있다는 생각이 들자 관심이 가기 시작했다.

그날 밤 집에 돌아와서 라탄 공예를 검색해 보았고 공예작품을 보는 순간 '이거 해보고 싶다'는 생각이 강하게 들었다. 바로 클래스를 들어보고 싶은 생각이 들어 공방을 검색해보았다. 2018~2019년만 해도 라탄 공예가 시작된 지 얼마 되지 않은 시점이라 배울 수 있는 공방이 지금처럼 많지 않았다. 검색해 보니 공방마다 작품 분위기가 조금씩 달랐다. 나는 내 스타일의 공방 몇 군데를 골라 스케줄을 맞춰본 후 클래스를 예약했다.

원데이 클래스에서 내가 처음 만든 것은 원형 바구니였다. 라탄 공예라는 것 자체는 생소했는데 직접 엮어보니 진행방식이 뜨개, 자수와 비슷한 결이라고 느껴졌다. 그렇게 첫 라탄 공예를 접한 후 생소하기도 하고 익숙하기도 한 이 공예의 매력에 푹 빠졌다.

원데이 클래스를 수강한 후 집으로 돌아와 인터넷으로 라탄 공예 영상을 보고 엮어보기도 하고, 이런저런 정보를 수집하면서 더 배워보고 싶다는 생각이 들었다. 사실 나는 다양한 수공예를 접해봤지만 대부분은 독학이거나 문화센터에서 가볍게 배우는 정도였다. 그러다가 재미가 들리면 블로그를 통해서 심화 기법을 익히고 응용하는 스타일이었다. 그러다 보니 내가 만든 작품들은 겉으로 보기에는 그럴싸해 보이지만 디테일하게 보면 허접할 수밖에 없었다.

그럼에도 그저 취미로 즐기기 위한 것이었기 때문에 아무런 문제가 되지 않았다. 그래서 전문 기관이나 공방에서 차근차근 배우고 싶다는 생각이 든 적은 없었다. 하지만 라탄은 달랐다. 라탄만큼은 돈을 투자해서라도 제대로 배워보고 싶었다.

라탄을 만나기 전에 나는 다양한 취미생활을 했지만 큰돈을 투자하는 편은 아니었다. 재료는 동대문종합시장이나 방산시장에 직접 가서 구매했기 때문에 나름 저렴한 비용으로 구할 수 있었다. 수업료는 내일배움카드 등의 정부 지원금을 활용하거나, 문화센터를 통해 배웠기 때문에 보통 월 5만 원 이내였다.

그런데 공방에서 정규 과정을 수강하려고 하니 비용도 꽤나 비싸게 느껴졌다. 그렇다고 비용 때문에 포기하고 독학으로 하고 싶지는 않았다. 그렇게 나름 큰 결심 끝에 정규 과정을 등록했고, 이 날 이후 내 인생은 바뀌었다.

공방은 일주일에 한 번 가서 수업을 들었고 매주마다 한 작품을 완성했다. 예를 들면 첫 주에는 원형 바구니, 둘째 주에는 타원형 바구니를 배우는 식이었다. 수업을 들을수록 더 많은 기법을 배우게 되었다. 선생님께서는 공방에서 배우는 게 다가 아니고, 반드시 연습을 해야 한다고 하셨다. 나는 매주 새로 배운 것은 그 주에 소화해 버리자는 마음으로 수업이 끝나면 그 다음날부터 하루에 한 개씩 바구니를 만들며 연습했다.

당시 나는 낮에는 직장생활을 했고 밤에는 교육대학원을 다니고 있었다. 그럼에도 라탄을 놓을 수가 없었다. 재미있기도 했고 그 주에 배운 기법들을 내 것으로 만들기 위해 계속해서 연습했다. 매주 수업시간마다 6~7개의 연습 바구니를 만들어갔으니, 공방 선생님도 깜짝 놀랄 정도였다. 매일 퇴근 후 라탄을 엮다가 새벽에 잠드는 나를 보며, 남편은 '뭘 해도 잘 하겠다' 싶었다고 한다. 그래서 내가 공방 창업을 하겠다고 했을 때, 고민 없이 내 꿈을 지지해줬다고 한다.

라탄의 매력에 흠뻑 빠지다

나는 꽂히는 게 생기면 바로 실행해버리는 성격이다. 예를 들어, 프랑스 자수를 해보고 싶다는 생각이 들면 그날 바로 동대문종합시장에 가서 자수 실과 바늘, 수틀 등 자수에 필요한 도구들을 사온다. 그리고 그날부터 남는 시간은 프랑스 자수를 배우는 데 쏟는다. 하고 싶은 것이 생기면 하루도 기다리는 게 힘들어서 당장 시작해야 하는 이 추진력 덕분에 많은 취미생활을 할 수 있었다고 생각한다.

하지만 꾸준히 오래 하지는 못한다는 단점이 있다. 단시간에 너무 몰입하고 시간을 쏟는 탓인지 보통은 1년 이내에 싫증을 느끼곤 했다. 보통 책이나 인터넷에 나온 도안을 보고 작품을 완성하곤 했는데, 더 이상 내 스타일의 도안이 없거나 끌리는 작품이 없으면 싫증이 나 그만두었던 것 같다.

라탄은 달랐다. 라탄은 복잡하게 도안 작업을 할 필요가 없었고 내가 만들고 싶은 모양, 디자인이 있으면 그대로 만들 수 있었다. 다른 사람의

1장 · 내 인생을 바꾼 라탄과 만나다

스타일을 따르지 않아도 된다는 점과 내가 원하는 모양을 쉽게 만들 수 있다는 점이 나에겐 매력적으로 다가왔다. 내 방 서랍장에 딱 맞는 수납함이 필요하면, 내가 원하는 크기, 모양, 디자인으로 만들 수 있었다.

실수를 해도 처음부터 다시 하지 않아도 된다는 것도 라탄의 큰 매력이다. 공방에는 다양한 연령대의 수강생들이 클래스를 수강한다. 손으로 만드는 공예가 익숙한 사람들도 있고, 공방 원데이 클래스가 처음인 사람들도 있다.

라탄은 건조해지면 잘 부러지기 때문에 물에 불려서 사용하고, 분무기로 물을 뿌려가며 엮어야 한다. 수업을 하다 보면 수강생들이 물을 뿌리지 않아 라탄이 건조해져서 부러지는 경우가 종종 생긴다. 원데이 클래스 수강생들은 라탄이 부러질까 노심초사 하면서 조심조심 다루기도 한다. 나는 그럴 때마다 물을 뿌리면 부러지지 않으니 과감하게 해도 된다고 하는데, 대부분은 어려워하신다. 그럼 나는 "부러져도 수습이 가능하니까, 물 충분히 뿌리고 막 다뤄주세요!"라고 말한다. 수습이 가능하다는 말에 수강생들은 부담을 조금 덜어낸다.

실제로 라탄은 부러져도 수정이 가능하다. 환심만 갈아 끼워주면 되기 때문에 실수하더라도 그 작품 전체를 버려야 하는 불상사가 생기지 않는다. 근처 가죽 공방 선생님이 라탄 클래스를 수강한 적이 있다. 물을 뿌리는 게 익숙하지 않다 보니 날대 하나를 부러뜨렸다. 가죽 공방 선생님은 당황해하셨지만, 나는 날대를 교체해드리고는 "라탄은 수습이 된답니다" 하면서 씨익 웃었다. 부러진 환심을 교체한 후 작품을 완성하셨는데, 부러뜨린 실수가 전혀 티가 나지 않았다.

가죽 공방 선생님은 "가죽은 구멍 한 번 잘못 뚫으면, 처음부터 다시 해야 되는데 라탄은 이어서 작업할 수 있어서 마음이 너무 편하네요!"라고 하셨다. 실수로 잘못 엮거나, 부러뜨리는 등의 실수를 하더라도 작품 전체를 버리거나 처음부터 다시 하지 않아도 된다는 점은 내가 라탄에 끌렸던 이유 중 하나이다. 나는 치밀하고 꼼꼼한 성격이 아니기 때문에 1mm의 차이가 큰 차이를 불러오는 일은 잘 하지 못한다. 그래서일까. 오차에 너그러운 라탄이 좋았다.

만들 수 있는 작품이 무궁무진해서 질리지 않는다는 점도 매혹적이었다. 라탄은 작은 소품부터 가구까지, 제작 가능한 영역이 넓은 편이다. 기존의 가구나 소품들을 리폼하여 라탄 소품으로 재탄생시킬 수도 있었고, 같은 모양이더라도 염색 등을 통해 새로운 느낌의 소품으로 재탄생시킬 수가 있었다. 가장 흔하게 접할 수 있는 라탄 바구니, 라탄백, 거울, 전등갓부터 소파나 거실장 등의 가구도 만들 수 있다. 보통은 정해진 도안대로 만들어야 하지만 라탄은 내가 디자인한 소품을 자유자재로 만들 수 있고 어느 정도 수정이 가능하다는 것도 큰 장점이다.

라탄 공예의 기본 재료는 '나무'인데, 나무를 다루는 공예 치고는 준비물이 비교적 간단하다. 보통 나무 공예라고 하면 값비싼 기계와 큰 작업실이 필요할 것이라는 선입견을 가지고 있을 것이다. 하지만 라탄 공예는 라탄 환심과 물, 가위, 송곳 정도만 있으면 된다. 게다가 플라스틱이나 접착제 등을 사용하지 않기 때문에 친환경적이다. 라탄을 처음 접하는 수강생분들이 가장 신기해하는 부분이 이 부분이다. 접착제를 사용하지 않아도 재료끼리 엮여 풀리지 않는다는 것에 놀라워한다.

공예품은 간혹 공간을 차지하는 애물단지가 되는 경우들이 있다. 내가 완성한 작품이지만 실생활에서 사용하기는 애매하고 마땅히 둘 곳은 없어서 처지 곤란으로 방치하다가 버리게 되는 경험을 한 번 쯤은 해봤을 것이다. 라탄은 실생활용품을 만드는 데에 초점이 맞춰져 있기 때문에 적어도 쓸모없어서 버려지는 경우는 드물다. 바구니를 만들면 뭐라도 담게 되기 때문이다.

라탄 공예를 시작한 지 얼마 안 됐을 때, 연습 바구니를 많이 만들었다. 거의 하루에 한 개 꼴로 바구니를 만들었으니 원형 바구니만 해도 거실 한 켠에 쌓여 있을 정도였다. 게다가 초반에 연습용으로 만든 바구니라서 퀄리티도 엉망이었다.

하지만 그 많던 바구니들도 지금은 모두 쓸모 있는 바구니가 되어 집안 곳곳에 자리 잡고 있다. 화장대 위에 샘플을 담아주는 바구니, 거실에 핸드크림과 영양제를 담아두는 바구니, 양념통 정리 바구니 등 크기와 용도에 맞게 제 역할을 하고 있다. 공방에서도 수업용 샘플로 제작한 바구니나 가방 등은 저렴한 가격에 판매하거나 지인들에게 선물로 주곤 하는데 바구니는 실용도가 높아서 다들 좋아한다.

이처럼 라탄 공예의 매력은 차고 넘친다. 그러다 보니 라탄의 매력에 푹 빠져 오랜 시간 싫증을 내지 않고 지금껏 사랑하며 살고 있다.

손가락 피부가 벗겨져도 괜찮아

라탄 공예에 빠진 후 나는 미처 예상치 못했던 큰 난관에 부딪쳤다. 어찌 된 일인지 라탄을 엮기만 하면 손가락의 피부가 통째로 벗겨져 나갔다.

처음에는 물을 계속 사용하는 작업이라 피부가 물에 불어서 그런 거라고 생각했다. 그래서 공방 선생님과 다른 수강생분들에게 물어봤는데, 목욕탕에 다녀왔을 때처럼 손가락이 쭈글쭈글해지긴 하지만 나처럼 피부가 벗겨지진 않는다고 했다.

피부과에 가서 진료를 받으니 습진의 한 종류이기 때문에 가급적 물에 손을 대지 말라는 진단을 받았다. 아마 라탄 환심의 어느 성분과 내 손의 피부가 맞지 않았던 모양이다. 내가 하고 싶은 일을 찾았다는 기쁨도 잠시, 생각지도 못한 장벽에 부딪혀 스트레스가 쌓였다. '다른 사람들은 다 멀쩡한데, 왜 나만?'이라는 생각이 나를 힘들게 했다.

그렇다고 포기하고 싶지는 않아서 일단은 약을 바르고 라텍스 장갑을 끼고 라탄을 엮었다. 라텍스 장갑을 끼면 피부가 벗겨지는 일은 없었지만, 장갑의 손가락 부분이 계속 늘어나서 라탄을 엮을 때마다 장갑도 함께 엮였다. 작은 소품이나 정교하게 엮어야 할 때는 장갑이 늘 장애물이었다. 만족스럽지 못한 결과물이 나오면 괜히 장갑 때문인 것 같았고, 유난스러운 내 피부 때문에 나만 속도가 더딘 것 같아 답답하고 울적해졌

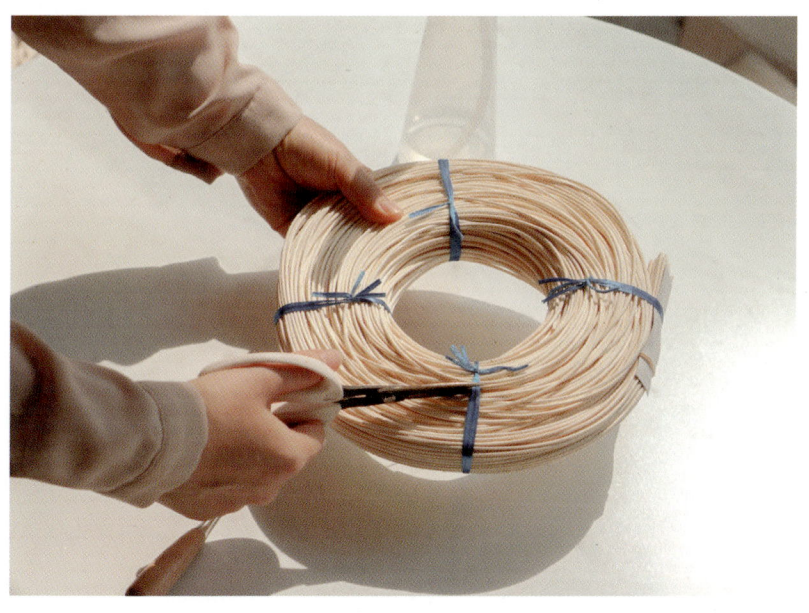

다. 퇴근 후, 새벽까지 라탄 연습을 하곤 했는데 마음처럼 잘 되지 않는데 손도 따라주지 않고, 대안으로 낀 장갑이 작업에 방해가 되니 스트레스가 쌓여 분노의 눈물을 흘린 적도 많았다.

그래도 반복적으로 계속 라탄을 만지고 물을 만지다 보니 손도 어느 정도 적응했는지 처음처럼 피부 전체가 벗겨지는 일은 점점 줄어들었다. 또한 라탄을 많이 엮다보니, 환심 업체에 따라 내 피부가 다르게 반응한다는 것도 알게 되었다. 그래서 나와 맞지 않는 업체의 환심은 사용하지 않고, 내 피부가 덜 반응하는 업체의 환심을 사용하는 등 나름의 노하우가 생겼다.

손이 이렇다 보니 지금도 단체 수업을 하거나 영상 강의 촬영을 해야 하는 날이 생기면 하루 이틀 전에는 가급적이면 라탄을 엮지 않는다. 상처 난 손으로 수업을 하면 수강생들에게 안 좋은 인식을 심어줄 수 있을 뿐만 아니라 내가 너무 아프기 때문이다.

라탄을 취미 수준을 넘어 업으로 삼기에는 피부가 너무 약했다. 그럼에도 라탄을 빼 놓고는 내 인생을 이야기하기 어려울 정도로 라탄을 사랑한다. 그만큼 라탄은 여전히 나에게 매력적인 공예다.

똥손이면 어때? 정성만 있으면 OK!

공방에 수업을 들으러 오는 수강생들이 가장 많이 하는 말 중 하나가 "제가 똥손인데 완성할 수 있을까요?"이다. 그럼 나는 "당연하죠! 라탄은 손재주랑 크게 상관없어요!"라고 답한다. 그럼 대부분의 수강생은 "저는 진짜 똥손이예요."라고 한 번 더 강조한다.

흔히 손재주가 좋은 사람들을 '금손', 손재주가 없는 사람들을 '똥손'이라고 부른다. 단순하게 생각하면 당연히 금손이 작품을 더 잘 완성할 것 같다. 실제로 수업을 하다 보면 유난히 손재주가 좋은 수강생들이 보이곤 한다. 성인들뿐만 아니라 초등학생 친구들 중에서도 손이 야무진 친구들이 눈에 띄곤 하는데 이런 친구들은 다음 과정을 직접 알려주지 않는데 어깨 너머로 눈치껏 기법을 익히고 작품을 완성한다.

나도 어린 시절 손이 야무지다는 소리를 자주 들었다. 손으로 하는 건 뭐든 재미있어 했고, 제법 완성도 높은 작품을 만들기도 했다.

손재주가 있으면 확실히 손으로 하는 취미활동에 유리한 건 사실이다. 하지만 라탄은 '금손'인지 '똥손'인지가 그렇게 중요하지 않다. 느긋한 마음과 시간만 투자하면 누구나 근사한 작품을 완성할 수 있기 때문이다.

공방에 자매가 수업을 들으러 온 적이 있다. 언니는 자칭 타칭 '금손', 동생은 스스로도 인정하는 '똥손'이라며 자신들을 소개했다. 나는 손재주와 라탄은 별개이니 너무 걱정 말라며 동생 분을 다독였다.

수업이 시작되고 두 자매는 라탄을 엮는 것에 집중했다. 언니는 자신의 손재주를 믿고 빨리 엮는 것에 집중하는 듯했고, 동생은 서툴지만 천천히 꼼꼼하게 엮는 모습이었다. 그리고 작품이 완성되었을 때 나는 놀랄 수밖에 없었다. '금손'이라고 했던 언니보다 손재주가 없다고 했던 동생의 작품이 더 견고하고 예뻤기 때문이다.

이처럼 라탄은 손재주보다는 천천히 시간을 들여 꼼꼼하게 엮는 것이 더 중요하다. 나도 초반에는 나의 손재주를 믿고 휘리릭 엮었던 적이 있다. 그때는 어떻게 해도 작품이 엉성하고, 원하는 모양이 나오지 않았다. 하지만 시간을 들이고 천천히, 그리고 꼼꼼하게 엮은 날에는 내가 원하는 바구니가 완성되었다.

  그 동안의 경험을 통해 자신 있게 말할 수 있다. 적어도 라탄은 손재주와 크게 상관이 없다는 것을 말이다. 손재주보다는 엮는 사람의 정성과 시간이 더 좋은 작품을 만든다. 정성과 시간을 들인 만큼 결과가 좋은 정직한 라탄이어서 라탄에 더 끌린 것 같기도 하다.

  요령을 피우지 않는 것이 라탄을 잘 엮는 비법이라니. 대단한 노하우를 기대했던 독자라면 실망스러울 지도 모르겠다. 하지만 결과만을 중요시하는 세상에서 과정을 더 중요시하는 라탄이어서 금손이 아닌 똥손도 도전하고 노력한 만큼 결과를 얻을 수 있다. 이런 라탄을 어찌 사랑하지 않을 수 있을까?

tip

좋은 환심 고르고 관리하기

라탄 공예를 할 때 꼭 필요한 것이 환심이다. 똑같은 환심이라도 제조사에 따라 성질이 다르기도 하고, 어떻게 관리하느냐에 따라 작업의 결과물이 달라지기도 한다. 그러니 라탄의 가장 기초 재료인 환심에 대해 잘 이해하는 것이 중요하다.

좋은 환심을 고르는 방법

환심을 물에 불렸을 때 탄성이 좋아 유연하고 접었을 때 부드럽게 접히는 환심이 좋다. 유연하지 않으면 환심을 구부렸을 때 툭툭 부러진다. 환심 한 단을 봤을 때, 전체적인 컬러가 뽀얗고 톤이 일정한 것을 고르는 것이 좋다. 라탄은 나무 소재이다 보니 특유의 냄새가 난다. 이 냄새는 처음 접하는 사람들에게는 낯설 수 있지만 불쾌한 정도는 아니다. 하지만 환심이 오래되거나 상태가 좋지 않으면 코를 찌르는 불쾌한 냄새가 난다. 라탄 특유의 냄새가 적고 잔털(거스러미)이 적은 환심을 고르는 것이 좋다.

환심의 소분과 관리

라탄 환심은 한 단이 250g, 500g 단위로 되어있다. 한 단은 매듭으로 묶여있는데, 먼저 이 매듭을 풀기 전 물을 뿌려 흠뻑 적셔주는 것이 좋다. 그 다음 돌돌 말려있는 환심이 쭉 펴지도록 옷걸이 등에 걸어 늘어뜨려 준다. 5분 정도 지나면 마치 매직펌을 한 것처럼 라탄이 펴져 있을 것이다. 이 상태에서 한 가닥씩 뽑아서 사용하면 된다. 만약 이 작업을 하지 않은 상태에서 환심을 하나씩 뽑아 사용하려 한다면, 꼬인 환심을 푸는 데 더 많은 시간을 쓰게 될 것이다.

환심 하나를 풀어 늘어뜨려 보면, 긴 줄과 짧은 줄이 섞여 있는 것을 볼 수 있다. 여기서 짧은 줄은 따로 빼 두어 날대로 사용하는 것이 좋다. 이때 짧은 줄은 하나씩 돌돌 말아 소분하지 않고 통째로 보관하는 것이 좋다. 그래야 날대를 재단하기도 편하고, 날대가 구부러져 있지 않아 작품을 엮을 때도 좋다. 남아있는 긴 줄들은 하나씩 돌돌 말아 보관해두었다가 사릿대로 사용한다.

한 개씩 돌돌 말다 보면 유난히 단단한 환심과 유난히 말랑거리는 환심이 손끝 느낌으로 구분이 될 것이다. 여기서 말랑거리는 환심은 따로 구분하여 첫 사릿대로 사용하는 것이 좋다. 모든 환심을 다 돌돌 만 뒤, 10개 정도로 묶어두면 나중에 작업하기가 수월하다.

2장

취미가 돈이 될 수
있을까?

취미생활을 열심히 하다 보면 하나 둘씩 작품이 쌓여간다. 지인들에게 선물을 하고도 너무 많은 작품이 남아 시험 삼아 플리마켓에 참여해 판매해본 적이 있다. 아무도 내 작품에 눈길을 주지 않아 지쳐갈 즈음 첫 판매를 할 수 있었고, 그때의 짜릿함은 지금까지도 나를 설레게 한다. 온라인에서도 판매를 해보았는데, 기대 이상이었다. 욕심만 부리지 않으면 취미로 만든 작품을 팔 수 있는 길은 생각보다 많다는 것을 경험했다.

취미로 만든 작품을 판 첫 경험

라탄을 만나기 전 나는 다양한 취미생활을 열심히 했다. 미싱에 재미를 느끼던 시절의 일이다. 당시 미싱에 푹 빠져 새벽 2~3시가 넘을 때까지 미싱을 붙잡고 있던 날들이 허다했다.

그렇게 연습을 하다 보니 결과물이 쌓여갔다. 작은 이어폰 파우치부터 필통, 에코백까지 작품의 수가 많아졌는데 처분할 방법이 없었다. 지인들에게 선물을 하고도 남은 소품들이 정말 많았다.

이 많은 것들을 어떻게 해야 하나 고민하고 있었는데 우연히 들린 플리마켓에서 답을 찾은 기분이 들었다. 그래서 작품 판매도 할 겸, 경험도 해 볼 겸 해서 '되면 좋고 안 되면 말고'의 심정으로 플리마켓 셀러를 지원했는데 덜컥 선정되었다.

급하게 소품들을 더 많이 만들고 플리마켓용 간이 테이블과 원단도 구입해서 첫 번째 플리마켓에 참여하게 되었다. 연남동에서 소소하게 열린 플리마켓이었는데, 사실 기대감보다는 불안함이 더 컸다. '나는 이게 본업도 아니고, 취미로 만든 소품들이고, 플리마켓도 처음인데 과연 내 작품을 사가는 사람이 있을까?' 하는 생각 때문이었다.

주변을 둘러보니 다들 그럴싸한 제품들을 판매하는 것 같은데 나만 볼품없는 물건들을 내놓은 것 같은 기분에 자꾸만 위축됐다. 이대로 집에 가고 싶다는 생각이 들 때쯤 사람들이 내 작품을 구매하기 시작했다.

나는 아직도 첫 판매의 순간이 잊히지 않는다. 초등학생 정도 돼 보이는 어린 친구였는데 내가 만든 필통이 예쁘다며 엄마에게 사달라고 졸랐고, 엄마는 흔쾌히 필통을 사주셨다. 내가 디자인하고 만든 소품들을 사람들이 관심을 갖고 구매하는 과정 속에서 나는 뿌듯함과 즐거움을 느

플리마켓에서 처음으로 작품을 팔았다. 짜릿하면서도 좋은 경험이었다.

껐다. 살면서 처음 느껴보는 성취감이었다.

플리마켓이 끝난 후 내 작품에 대한 반응이 궁금해서 인터넷에서 후기를 검색해봤다. 어느 분이 플리마켓 후기를 블로그에 남겼는데, 내 작품에 대한 후기도 상세하게 작성해주셨다. 이 후기를 본 날, 알 수 없는 흥분감에 사로잡혀 쉽게 잠들지 못했던 기억이 난다.

이 날 이후 플리마켓의 재미에 빠진 나는 몇 개의 플리마켓에 더 참여했다. 첫 플리마켓은 얼떨결에 참여했지만 두 번째 플리마켓은 철저하게 준비했다. '청년 축제'였는데 주 타깃이 20대 초중반이었고 크리스마스가 얼마 남지 않은 때였다. 고객층의 연령대와 크리스마스라는 시기를 잘 활용하면 좋은 반응이 있을 것 같았다. 그래서 20대 여성들이 좋아할 만한 아이템과 크리스마스 시즌 아이템이라는 두 가지 콘셉트로 작품들을 준비했다. 예상대로 필통, 생리대 파우치, 화장품 파우치 등의 아이템들이 인기가 많았고, 크리스마스 느낌이 나는 원단으로 만든 이어폰 파우치도 꽤 좋은 반응을 얻었다. 이 날은 준비해간 제품을 완판하고 두 손 가볍게 집으로 돌아갔다.

 플리마켓 셀러로 참여해서 돈을 얼마나 벌었는가는 크게 중요하지 않았다. 내 손으로 만든 작품을 판매해보는 것은 돈으로도 살 수 없는 값진 경험이었기 때문이다. 내 작품을 알아봐주고, 내 취향을 좋아해주는 사람들을 만나는 경험을 직접 해보니 짜릿했다. 내 작품을 사지 않더라도 "예뻐요", "귀여워요"라며 반응해주는 것만으로도 행복했다. '이걸 사람들이 좋아할까?', '이걸 돈 주고 사는 사람들이 있을까?'하는 걱정으로 시작했던 플리마켓은 꽤 성공적이었고, 취미생활이 시간낭비가 아님을 다시 한 번 느끼게 하는 좋은 경험이었다.

온라인에서 프랑스 자수를 판매하다

 짜릿했던 플리마켓에서의 첫 판매 경험을 한 후 온라인 판매에도 도전했다. 프랑스 자수에 한창 빠져있을 때였다. 당시 자수 책을 여러 권 구입해 기법을 익혀 수를 놓았는데 책에 나와 있는 꽃이나 캐릭터 도안은 내 취향이 아니었다. 그래서 내 사진을 자수로 놓곤 했는데, 재미가 들려서 다양한 사진들을 수놓기 시작했고, 사진을 찍어 SNS에 업로드했다. 이

아이디어스에서 판매했던
커스텀 사진 자수 액자

작품을 본 아이디어스 담당자가 나에게 입점 제안을 했고, 나는 오랜 고민 끝에 입점하기로 결정했다.

아이디어스에서는 '커스텀 사진 자수 액자' 작품을 판매했다. 커스텀 사진 자수 액자는 고객이 사진을 보내면, 그 사진을 자수로 놓고 수틀을 액자로 만드는 방식이었다. 주로 결혼 선물이나 기념일 선물로 주문이 들어왔고, 대부분의 사진은 웨딩사진이나 커플 사진이었다.

사실 아이디어스 입점은 수익을 내려고 했다기보다는 취미생활의 연장이었다. 새로운 사진, 예쁜 사진을 자수로 놓고 싶은데 마침 고객들이 예쁜 사진들을 보내주니 나로서는 취미활동을 이어나가기에 딱 좋았다.

하지만 한 작품을 만드는 데 상당한 시간이 필요했기 때문에 판매활동을 지속적으로 하기는 힘들었다. 그래서 여유 있는 시즌에만 상점을 열고, 바쁜 시즌에는 상점을 닫는 방식으로 아이디어스 작가 활동을 이어갔다.

그런데 언제부터인가 사진을 받아 기계로 수를 놔주는 작가들이 생겨나기 시작했다. 나는 한 땀 한 땀 손으로 수를 놓는 작업이었기 때문에 시간과 노동력, 퀄리티 부분에서 기계를 이길 수가 없었다. 그렇게 커스텀 자수 작가 활동은 그만두게 되었다. 커스텀 자수 액자 작가로서의 활동은 그만 뒀지만 자수는 여전히 나의 취미활동으로 자리 잡고 있고, 아이디어스에서는 라탄 작가로 여전히 활동하고 있다.

마음만 먹으면 팔 수 있는 곳은 많다

공방에는 다양한 부류의 사람들이 온다. 그들이 공방을 방문하는 목적도 다양하다. 귀한 연차를 공방 클래스에 투자하기도 하고, 답답한 일상 속 잠깐의 힐링을 위해 방문하기도 한다. 어떤 이들은 취미로 수익을 내고자 하는 마음에 공방 문을 두드리기도 한다.

정규반이나 자격증반 클래스 상담을 할 때 나는 클래스를 들으려는 목적이 무엇인지를 물어본다. 대부분은 세 가지 정도의 목적으로 분류된다. 첫 번째는 취미활동으로 라탄을 꾸준히 해 보고 싶어서이고, 두 번째는 공방 창업이다. 세 번째는 취미생활 겸 소소하게 제품 판매를 하면서 수익을 내고 싶은 사람들이다. 공방 창업을 본격적으로 하기에는 부담스러워서 부업 차원에서 도전해보고 싶어 하는 유형이다.

사실 공방 창업은 쉬운 일이 아니다. 취미를 생업으로 발전시킬 수 있다면 그보다 좋은 일이 없겠지만 그 과정이 꽤 험난해 공방 창업을 권하기는 무척 조심스럽다. 큰돈을 벌 생각이 아니라면 부업 차원에서 취미로 만든 작품을 팔아보는 것이 더 안전하고 좋다.

어디서 파냐고? 팔 수 있는 곳은 많다. 요즘에는 오프라인뿐만 아니라 수공예품을 판매할 수 있는 온라인 플랫폼이 점점 많아지는 추세여서 선택지는 많다.

가장 쉽게 접근할 수 있는 방법이자 내가 추천하는 방법은 '아이디어스'와 '플리마켓'이다. 앞에서 말했듯이 나도 플리마켓으로 첫 스타트를 끊었고 아이디어스 입점을 통해 온라인 판매를 시작했다.

아이디어스(www.idus.com)와 플리마켓

아이디어스는 핸드메이드 작가의 작품들을 판매하는 플랫폼이다. 수공예 제품부터 수제 먹거리까지 손으로 만드는 다양한 제품들을 판매한다. 아이디어스 입점에 필요한 서류를 작성해서 입점 신청을 하면 바로 작가 활동을 시작할 수 있다. 입점한 작가들은 전업 수공예 작가들도 있지만 부업 작가들도 많다.

아이디어스가 판매의 시작으로 삼기 좋은 이유는 바로 '사업자 등록을 하지 않아도 작가 활동이 가능하기 때문이다. 보통 판매를 하려면 사업자 등록을 해야 하고 상가 임대를 해야만 가능하다고 생각하는 사람들이 있다.

하지만 아이디어스 입점은 사업자 등록이 필수가 아니기 때문에 진입장벽이 낮은 편이다. 그래서 사업자 등록에 부담을 느끼는 사람들이 사업자 등록을 하지 않고 활동하다가 고정 수입이 생기면 그때 사업자 등록을 해도 된다는 장점이 있다.

제품을 판매하는 과정도 매우 간단하다. 형식에 맞게 제품 사진을 촬영하고, 소개 글을 업로드하면 작품 등록이 완료된다. 소개글에는 제품 제작 기간, 배송 기간, 제품 특성 및 유의사항을 미리 적어두면 좋다.

아이디어스의 장점은 작가와 소비자 모두가 핸드메이드 제품이라는 것을 인지하고 있기 때문에 제작 기간에 며칠 정도가 소요된다는 것을 당연하게 생각한다는 점이다. 스마트스토어나 온라인 판매 사이트처럼 빠른 배송에 집착하지 않아도 되기 때문에 퀄리티 있는 작품을 제작해서 판매할 수 있다.

아이디어스가 온라인 판매에서의 진입장벽이 낮은 편이라면 오프라인에서는 '플리마켓'이 있다. 플리마켓은 지역 행사나 문화 축제처럼 일회성 마켓이 있고, 삼청동이나 홍대 등 지정한 요일에 꾸준히 열리는 마켓도 있다.

보통은 플리마켓이 열리기 전에 셀러를 모집한다. 셀러 모집은 인터넷을 통해 정보를 얻을 수 있다. 셀러를 모집하는 온라인 카페나 사이트를 이용하면 좀 더 쉽게 정보를 얻고 셀러 지원을 할 수 있다. 셀러 지원을 할 때에는 판매할 제품들의 사진과 정보, 금액 등 해당 마켓에서 요구하는 내용들을 서식에 맞게 작성하여 보내면 된다. 플리마켓 셀러로 선정되면 해당 요일에 제품을 판매하면 된다.

아이디어스와 플리마켓은 가능한 한 병행하는 것이 좋다. 온·오프라인 판매를 같이 하면 온라인으로 판매가 저조할 경우 이유를 파악할 수 있기 때문이다.

온라인의 경우는 상위 노출에 따라 판매율이 달라진다. 홍보가 많이 된 제품이 더 많이 노출되기 때문에 판매가 많이 될 수밖에 없다. 처음 입점하면 상위 노출이 되지 않기 때문에 판매율이 저조할 수밖에 없다. 이럴 경우 내 제품이 문제인지, 홍보 부족이 문제인지 판단하기가 어렵다. 이럴 때 오프라인 플리마켓을 나가보면 내 제품에 대한 판단력이 조금 생기게 된다.

플리마켓에서는 판매율과 현장 반응으로 내가 판매하는 제품에 대한 경쟁력을 알 수 있다. 꼭 판매로 이어지지 않더라도 많은 사람들이 관심을 보인다면 가능성이 있는 제품이다. 만약 온라인으로는 판매가 저조한데, 플리마켓 현장에서 반응이 좋았다면 홍보가 덜 된 것으로 판단하고 홍보에 시간과 에너지를 조금 더 투자하면 된다. 하지만 온라인과 오프라인 모두 반응이 적었다면 그 제품은 판매용 제품이 아니라는 의미이기 때문에 다른 상품을 개발하는 것이 좋다.

스마트스토어와 오프라인 소품 샵

조금 더 본격적으로 판매를 해보고 싶다면 네이버 스마트스토어와 오프라인 소품 샵 입점을 생각해 볼 수 있다. 스마트스토어나 소품 샵 입점 등은 이전 플리마켓 셀러 경력으로 자신감을 쌓았다면 도전해 볼 만하다.

스마트스토어의 경우 사업자 등록증과 통신판매업 신고증, 사업자통장이 필요하다. 그러므로 부업으로 어느 정도 자리를 잡아갈 즈음에 도전하는 것이 좋다. 스마트스토어는 상점을 개설하는 것은 의외로 간단하지만 일반 판매 사이트처럼 상세한 설명과 다양한 각도의 사진이 필요하다. 수많은 스마트스토어에서 내 제품이 상위권에 노출되기 위해서는 검색어도 잘 파악해야 한다. 스토어 홍보와 상품 등록에 신경을 많이 써야 하고 판매가 이루어진 이후에도 좋은 후기가 남겨질 수 있도록 좋은 제품을 판매해야 한다.

나는 새로운 라탄 소품이나 DIY 키트를 개발하면 해당 키트만을 스마트스토어에 업로드한다. 그리고 SNS에 홍보글을 올려서 판매가 이루어지도록 한다.

오프라인 소품 샵의 경우 소품 샵 SNS나 인터넷 사이트 등에서 주기적으로 작가 입점 모집을 한다. 각 소품 샵에서 제공하는 형식에 맞게 입점 제안서를 작성하면 된다. 소품 샵에 입점이 확정되면 제품을 꾸준히 만들고 소품샵에 납품하면 된다.

해당 소품 샵을 직접 방문하여 소비자의 연령대와 소품 샵의 분위기에 맞는 상품을 개발하는 것이 좋다. 10~20대가 주 고객인 소품 샵이라면 가격대가 높고 어른스러운 취향의 가방이나 바구니보다는 컬러풀하고 키치한 작은 제품을 개발하는 등의 노력이 필요하다.

소품 샵 입점에서는 주 소비자의 연령대와 소품 샵의 분위기에 맞는 소품을 개발하는 것만큼 중요한 것이 바로 포장이다. 아무리 예쁜 제품도 일반 비닐봉투에 넣어두면 판매 욕구가 떨어지기 마련이다. 어떻게 포장하느냐에 따라 제품은 달라 보인다. 판매로 이어질 수 있도록 포장에 신경을 써야 한다. 방산 시장이나 포장용품 전문 매장을 돌아다니면서 내 제품을 돋보이게 할 수 있는 포장을 해야 한다.

부업으로 클래스 열기

수공예 취미로 돈을 버는 방법은 크게 두 가지로 분류된다. 하나는 앞에서 말한 직접 제작한 완제품을 파는 것과 수강생을 모집하여 클래스를 운영하는 것이다. 물론 제품 제작과 클래스는 전혀 다른 영역이어서 작품을 잘 만든다고 꼭 클래스를 할 수 있는 것은 아니다. 그래서 완제품을 판매해 돈을 벌 것인지, 클래스를 운영해 돈을 벌 것인지 아니면 병행할 것인지는 어디까지나 개인이 선택할 몫이다.

클래스는 주로 공방에서 열지만 최근에는 온라인 클래스도 많이 개설

되고 있는 추세이다. 또한 공방이 없어도 공간을 대여해 진행할 수도 있어 하고자 한다면 길은 열려 있다.

클래스는 원데이 클래스, 취미반, 정규반, 강사 자격증반 등 클래스 목적에 따라서 분류되기도 하고 클래스 형태에 따라 문화센터 등의 출강, 비대면 온라인 클래스, 개인 클래스, 단체 클래스 등으로 분류되기도 한다. 클래스는 자격 요건이 충족된다면 자신이 원하는 형태로 개설할 수 있다.

수강생은 저절로 찾아오지 않는다

부업으로 공예 강사나 원데이 클래스 운영을 생각 중인 사람들이라면 한 번쯤은 "수강생을 어디서 구하지?"라는 고민을 해봤을 것이다. 강사 자격증을 취득하면 당장 일이 들어올 것 같지만 현실은 그렇지 않다. 클래스도 내가 개설해야 하고 수강생도 내가 모집해야 하는데, 전문 공방을 오픈한 것이 아니라면 더욱 어렵게 느껴진다.

전문 공방의 경우는 상가를 임대하여 공간을 꾸며놓기 때문에 지나다니는 사람들에 의해 자연스럽게 홍보효과를 얻을 수 있다. 하지만 부업으로 클래스를 운영하려 하거나 출강 강사 활동을 하려고 하는 사람들은 스스로를 홍보해야 하기 때문에 막막하게 느껴질 수밖에 없다.

클래스를 오픈하려면 먼저 원하는 클래스를 구성해야 한다. 부업 차원에서 클래스를 오픈하려면 원데이 클래스가 가장 적합하다. 클래스로 개설하고자 하는 소품을 정하고, 그에 맞는 클래스를 구상하여 어떻게 진행할 것인지에 대한 대략적인 계획을 짜야 한다. 과정을 세분화하여 간단한 양식의 계획서를 작성해두면 좋은데, 이렇게 작성해둔 계획표는 나중에 클래스 안내 상세 페이지에 그대로 업로드하면 된다.

   가장 중요한 사진을 촬영할 때는 작품 사진과 작품을 만드는 과정 사진도 함께 찍어두는 것이 좋다. 클래스를 진행하는 모습을 연출하여 찍는 것을 추천한다. 수강생들이 클래스를 선택할 때 판단할 수 있는 것이 사진과 설명글이 전부이기 때문에 시선을 끄는 사진을 찍는 것이 중요하다.

클래스는 온라인, 오프라인 모두 가능하다. 왼쪽은 공방에서 오프라인 클래스를 하는 모습, 오른쪽은 온라인 클래스 진행하는 모습

   클래스를 오픈하는 가장 쉬운 방법은 SNS 계정을 만들어 클래스 공지 글을 정기적으로 업로드하는 것이다. 꾸준히 운영할 계획이라면 SNS는 더욱 필수적이다. 가장 대표적인 것이 '네이버 블로그'와 '인스타그램'이다. 인스타그램에는 사진 위주의 게시글을 올리고 짤막한 클래스 소개글 정도로 업로드하고, 클래스에 대한 디테일한 내용은 네이버 블로그에 공지해두는 것이 가장 일반적이다. 인스타그램은 접근성이 쉽고 많은 사람들이 사용하는 SNS이기 때문에 클래스를 홍보하기에 가장 좋다. 클래스에 대한 안내 피드를 업로드할 때 클래스 문의를 할 수 있는 연락처나 메신저 ID 등을 함께 적어두는 것이 좋다.

판매에 '아이디어스'라는 플랫폼이 있다면 클래스에도 '솜씨당'이라는 플랫폼이 있다. 솜씨당은 원데이 클래스처럼 취미활동을 할 수 있도록 클래스와 수강생을 연결해주는 애플리케이션이다. 클래스 내용과 사진, 위치 등 클래스에 대한 내용을 형식에 맞게 작성하면 등록이 완료된다. 원데이 클래스, 정규반 등 클래스 형태부터 시간, 공간에 대한 설명 등 클래스에 관한 전체적인 내용을 설명할 수 있도록 되어있기 때문에 클래스를 처음 개설하는 분들도 놓치는 부분 없이 체계적으로 작성할 수 있다.

이 외에 인터넷 카페 등을 통해 수강생을 모집할 수 있는데 수공예 관련 플랫폼인 네이버 카페 '문화상점'이 대표적이다. 문화상점에서도 지역별로 클래스를 개설할 수 있는 게시판이 따로 존재하기 때문에 언제든지 클래스를 오픈할 수 있다.

'당근마켓'과 '동네 맘 카페'를 활용하는 방법도 괜찮다. 당근마켓은 중고거래 뿐만 아니라 동네 홍보를 할 수 있는데 광고 계정을 따로 개설하여 클래스를 홍보할 수 있다.

홈공방과 공간 쉐어

부업으로 클래스를 열 생각이라면 주중에는 회사에서 일하고 주말에만 혹은 퇴근 후 저녁시간에만 클래스를 하는 방법으로 가능하다. 오프라인으로 클래스를 열려면 공간이 필요하다. 하지만 특정 요일, 특정 시간에만 클래스를 진행하기 위해 상가를 계약하는 것은 무모한 결정일 수 있다. 부업으로 시작한 일이 상가의 월세 비용만 늘어 되려 마이너스가 될 수도 있기 때문이다.

부업 차원에서 클래스를 열 생각이라면 '홈공방'이나 '공간 쉐어'를 이용해 시작할 것을 추천한다. '홈공방'은 내가 살고 있는 집의 한 켠을 클래스 공간으로 꾸미고 수강생을 모집하여 클래스를 하는 형태이다. 인테리어 비용이나 월세, 관리비의 큰 지출이 생기지 않으면서 클래스를 할 수 있는 공간이 생기기 때문에 부담 없이 시작할 수 있다.

내가 살고 있는 집을 노출해야 한다는 부담이 있긴 하지만 요즘은 홈공방도 많기 때문에 수강생들도 불편해하지 않는다. 내 공간에서 클래스를 하기 때문에 좀 더 편안하고 다른 사람들의 눈치를 보지 않아도 되기 때문에 처음 클래스를 시작하는 사람들도 부담이 적다. 하지만 주거 공간과 클래스 공간을 분리해야 하기 때문에, 가족과 함께 살고 있다면 클래스 시간에는 가족들이 피해줘야 하는 불편함이 있다.

'공간 쉐어'는 사무실이나 회의실, 공방 등 상가를 일정 시간 대여하여 사용하는 것이다. 마치 '에어비앤비'처럼 다른 사람이 꾸며놓은 오피스 공간이나 공방을 잠시 임대하여 사용하는 형태이다. 공간 쉐어는 해당 날짜를 지정하여 일회성으로 사용할 수도 있고, 특정 요일, 특정 시간을 정해 주기적으로 이용할 수도 있다.

이전에는 지인을 통해 공간을 쉐어하거나 인터넷 카페에 글을 올려 공간을 얻었지만 요즘에는 공간 쉐어 전문 플랫폼, 애플리케이션이 생겨나고 있어 공간을 쉐어하기가 더 좋다. 카페 정기 휴무일을 공간 쉐어로 돌리는 경우도 있고 장비가 다 갖추어진 공방을 쉐어하는 곳도 많이 생기고 있다.

홈공방과 공간 쉐어의 큰 장점은 월세를 아낄 수 있다는 점이다. 주말 이틀 동안 클래스를 개설하여 운영했다면, 쉐어에 대한 비용만 지불하면 나머지 비용은 순수익이 되기 때문에 부업으로 해볼 만하다. 매달 일정

금액이 월세로 빠져나가는 부담이 없기 때문에 클래스 오픈도 원할 때 할 수 있다.

문화센터 출강강사

공간이 없어도 클래스를 할 수 있는 방법이 있다. 바로 '출강'을 나가는 것이다. 백화점이나 대형 마트에는 '문화센터'라는 것이 존재한다. 문화센터에서는 여러 연령층을 대상으로 다양한 클래스를 진행하고 원데이로 진행하는 특강과 계절별로 8~10주를 지속적으로 운영하는 정규반을 개설할 수 있다. 문화센터는 클래스를 열기 좋은 공간이 마련되어 있어서 공간 걱정 없이 클래스를 진행할 수 있고 수강생 모집도 센터에서 도맡아 해주기 때문에 홍보에 큰 에너지를 쏟지 않아도 된다.

강사를 지원하는 방법은 해당 문화센터의 홈페이지를 보면 강사모집을 상시로 하고 있다. 이력서와 클래스 계획서 등 형식에 맞게 작성하여 제출하면 강사 지원이 완료된다. 문화센터의 새 학기가 시작되면 클래스 제안이 오는데 대부분은 특강을 통해 수강생들에게 눈도장을 찍은 후 정규반으로 이어나가는 방식이다.

나도 사회생활을 시작한 후 문화센터에서 가볍게 취미생활을 시작했다. 나는 동네 대형마트의 문화센터를 꽤 오래 다녀본 경험이 있다. 캘리그래피를 1년 가까이 다녔는데, 맨 처음에는 초급반에서 시작했다. 주 1회씩 주기적으로 클래스에 참여하다 보니 수강생들과도 친해졌고, 강사 선생님과도 친분이 쌓였다. 봄학기 정규반으로 시작한 문화센터 클래스는 가을학기까지 이어졌고 이전 학기부터 수강을 이어온 수강생들은 중급반, 고급반으로 월반시켜서 클래스를 진행해주셨다.

나는 한창 재미가 붙었는데 강사 선생님께서 다음 학기는 우리 동네 센터가 아닌 옆 동네의 센터에서 개강을 한다고 하셨다. 조금 멀었지만 강사 선생님을 따라 문화센터 지점을 옮겼고 겨울 학기까지 수강한 후 1년의 캘리그래피 문화센터 생활을 마쳤다.

문화센터의 강사는 꾸준하게 클래스를 운영할 수 있다는 장점이 있다. 대형마트는 휴무일이 거의 없고, 문화센터도 계절별로 새로운 학기가 시작되기 때문에 클래스 개설 의사가 있다면 꾸준하게 클래스를 여는 것이 가능하다. 그렇게 하다 보면 나처럼 매 학기 클래스를 꾸준하게 듣는 수강생이 생기기도 하고, 지점을 옮겨가며 클래스를 들으러 와주는 고정 수강생이 생기기도 한다.

나만의 경쟁력을 갖추면 금상첨화

단순히 취미로 즐기는 것이라면 특별한 고민을 할 필요가 없다. 하지만 취미를 발전시켜 수익을 내려고 한다면 얘기는 달라진다. 라탄 공예만 해도 취미로 즐기는 사람들이 꽤 많다. 누구나 만들 수 있는 라탄 공예품이라면 굳이 내 작품에 관심을 보이고 구매까지 이어지기는 쉽지 않을 것이다.

결국 이 수많은 소품들 중에서 내 제품이 판매되기 위해서는 내 제품만의 특별함이 있어야 한다. 제품의 특별함이라 함은, 남들이 만들지 않는 것이어야 하고 새로운 디자인이어야 한다.

내가 처음 라탄을 만나고 공방을 차렸을 때만 해도 라탄을 아는 사람들이 많지 않았다. 당연히 라탄 공방도 많지 않았는데, 덕분에 멀리서도 라탄을 배우기 위해 나의 공방을 찾곤 했다.

하지만 TV 프로그램 '나혼자 산다'에서 배우 경수진 씨가 라탄 공예를 하는 장면이 방송되면서 라탄 공예가 핫해지기 시작했다. 방송을 보고 라탄 공예를 체험해 보고 싶은 사람들이 늘어나면서 라탄 공방에 대한 수요도 늘어났다. 수요에 맞게 라탄 공방도 곳곳에 줄줄이 생기기 시작했다. 그러자 타 지역에서 찾아와주는 수강생들이 현저히 줄었다. 아무래도 집 근처에도 공방이 있으니 굳이 멀리 갈 필요가 없어진 것이다.

상황이 이렇다 보니 나는 공방을 계속 운영할 수 있을까를 걱정할 수밖에 없었다. 동네에 미용실이 한 곳이라면 동네 사람들 모두가 그 미용실을 이용할 것이다. 하지만 같은 동네에 미용실이 다섯 곳이라면 손님들이 분산된다. 공방도 마찬가지이다. 라탄 공방이 많아지면서 수강생들이 분산될 수밖에 없다는 것을 인지했고, 어떻게 해야 이 많은 공방에서 살아남을 수 있을까 고민했다.

답은 하나였다. 사람들이 찾아올 수밖에 없는 특색 있는 공방을 만드는 것이었다. 어떻게 해야 특색 있는 공방을 만들 수 있을까 고민하다가 '나만 할 수 있는 것을 하자'라는 결론을 내렸다. 예를 들면, 프랑스 자수를 넣은 라탄 트레이나 원단을 활용한 라탄가방, 이니셜을 새긴 자수 라탄백 등이었다.

사실 나는 처음에는 라탄 가방 클래스를 선호하지 않았다. 라탄 가방을 원데이 클래스로 만들고 나면 수강생들은 아주 만족한 상태로 집에 돌아간다. 하지만 나는 가방 클래스를 한 날이면 찜찜한 기분이 들었다. 원래 나는 약간의 완벽주의와 고집이 있어 남들이 보기에는 아무런 문제가 없는 제품이라도 내 마음에 들지 않으면 팔지 않는다. 클래스도 마찬가지다.

라탄 가방을 일상생활에서 들고 다니기 위해서는 마감 작업과 안감 작업을 하는 것이 좋다. 라탄의 이음새 부분이 가방 안쪽에 그대로 드러나서 안감이 없이는 들고 다니는 것이 좋지는 않다. 또한 가방은 지퍼 등으로 잠궈야 하는데 안감 작업을 하지 않으면 가방 속 내용물을 분실하거나 도난당할 위험이 높아진다. 이런 이유로 나는 라탄 가방 클래스를 진행하는 것을 꺼려했다.

프랑스 자수를 넣은 라탄 트레이와 라탄 액자.
라탄과 프랑스 자수를 더해 나만의 특색있는 제품을 만들었다.

그런데 대부분의 수강생들이 라탄 가방을 만들고 싶어했다. 나는 오랜 고민 끝에 '완벽한 라탄백 클래스'을 만들어야겠다고 생각했고 오랜 연구 끝에 가방 클래스를 오픈했다. 라탄백을 제작하고 끝이 아니라, 염색, 마감, 안감 작업 등 후작업까지 포함된 클래스이었다. 이런 후작업은 수강생이 직접 하기에는 무리가 있어서 다 내가 해야 하는 일들이었다.

특히나 안감 작업의 경우 수강생이 만든 가방의 크기가 모두 다르기 때문에 각각의 크기에 맞게 안감을 직접 제작해야 했다. 클래스 외에 나의 노동력이 많이 들어가는 클래스라 개설을 망설였지만, 다르게 생각하면 이건 나만 할 수 있는 클래스였다. 이런 나의 노고를 알아주기라도 한 듯, 가방 클래스 문의는 물밀듯이 들어왔고 나는 실사용할 수 있는 가방을 만드는 공방으로 점점 자리를 잡아갔다.

이 가방 클래스는 SNS에서도 많은 문의가 있었는데 '온라인 클래스 개설 요청'에 대한 문의를 몇 번 받았다. 하지만 나는 강의 개설을 망설일 수밖에 없었다. 온라인 강의를 개설하게 되면 내가 터득한 가방 만들기 노하우를 다 오픈해야 한다. 오랜 시간을 공들였고 여러 시행착오를 거쳐 터득한 노하우를 그냥 알려주려 하니 마음이 쉽게 열리지 않았다. 그리고 미리 재단된 가죽과 안감이 있어야만 완성되기 때문에 강의 영상만 있다고 해서 사람들이 가방을 완성할 수는 없었다. 그렇기 때문에 온라인 강의 개설에는 준비물 키트가 필수적일 수밖에 없다.

가방을 키트화한다는 것은 클래스를 오픈하는 것의 몇 배의 노동력이 들어간다. 온라인으로 클래스를 만드는 것은 둘째 치고, 모든 사람이 동일한 크기로 만들 수 있게 클래스를 구상해야 하고, 안감도 미리 제작해야 하니 보통 일이 아니었다.

나는 1년을 고민하다가 가방 키트를 제작했다. 온라인 클래스를 만들고, 가방 틀을 제작하고, 라탄과 가죽을 연결하고 안감을 만들어 넣는 모든 작업을 할 수 있어야만 제작이 가능한 키트였다. 키트를 준비하는 기간 동안 정말 힘들었지만 이 키트야말로 나만 할 수 있는 유일한 것임을 깨달았다. 가방 키트는 공방을 운영하는 선생님에게도 인기가 있었고, 일반 고객에게도 사랑받았다.

알려야 팔린다, SNS 홍보는 필수!

취미로 만든 작품을 판매하거나 클래스를 오픈할 때 홍보는 필수다. 물론 아이디어스와 같은 판매 사이트에 입점하면 홍보에 대한 부담이 약간 줄 수도 있겠지만 인스타그램이나 블로그 등의 SNS는 필수적으로 운영해야 하며 부가적으로 유튜브 채널을 운영해보는 것도 좋다.

 요즘은 나이를 불문하고 모두가 SNS를 하고, 그 속에서 자신이 원하는 정보를 찾는다. 물건 하나를 구입하더라도 온라인 플랫폼이나 SNS 검색을 통해 후기를 찾아본 후 구입한다. 그렇기 때문에 SNS 운영은 필수적일 수밖에 없다. 공방을 차려 취미를 직업으로 발전시키고 싶다면 더더욱 홍보가 중요하다.

 SNS 홍보 효과에 대해 처음에는 나도 반신반의했다. 홍보글을 올린다 한들 몇 명이나 봐줄까 싶은 심정이었다. 게다가 나는 '인플루언서'가 아니어서 팔로워도 적었기 때문에, 이 작은 계정까지 누가 보러 올까 하는 생각도 들었다.

 하지만 문득 나의 경험이 떠올랐다. 내가 처음 라탄 공예를 배우려고 결심했을 때, 각종 SNS에 '라탄 공방'이라는 키워드로 검색을 했었다. 제일 위에 뜨는 게시물부터 시작해서 관련된 모든 자료를 찾아봤었다. 관련된 게시글을 발견하면 홈페이지나 블로그, 인스타그램 등 연관된 계정을 모두 들어가 봤다. 그렇게 다양한 SNS를 살펴보면서 내가 원하는 스타일의 공방을 찾아냈었다.

인터넷으로 옷 한 벌을 살 때도 마찬가지다. 상위 랭크된 옷만 보는 것이 아니라 내가 원하는 스타일의 옷을 발견할 때까지 여러 사이트를 맴돌게 된다. 라탄 공예에 관심을 갖기 시작한 사람들도 이런 식으로 검색을 할 것이다. 나의 취향은 누군가의 취향일 수 있기 때문에 취향을 저격할만한 다양한 게시글을 많이 업로드한다면 누군가는 나를 찾아낼 것이다.

그래서 나는 내가 할 수 있는 SNS는 모두 다 개설했다. 블로그 포스팅도 꾸준히 올리고 SNS 게시글도 꾸준히 올렸다. 블로그는 상위 노출을 시키기 위해 공방과 관련된 글 외에도 동네 맛집이나 주변 공방 방문기 등을 꾸준히 업로드했다. 이 정도로도 부족하다 싶어서 어떻게 해야 할까 고민을 하다가 유튜브를 시작하기로 했다.

나는 공방 초기부터 온라인 취미 플랫폼인 '클래스101'에 클래스 오픈 준비를 하고 있었던 터라, 유튜브에 무료 클래스 영상을 올리지는 않았다. 그 대신 공방 브이로그를 찍어 올렸는데, 생각보다 많은 사람들이 공방 창업에 대한 이야기나 공방 클래스를 어떻게 하는지에 대한 브이로그를 많이 찾아본다는 것을 알았다.

실제로 공방 브이로그를 보시고 라탄을 배우고 싶다며 연락을 주거나 저 멀리 지방에서 클래스를 들으러 오신 분들도 계셨다. 꾸준하게 했던 SNS와 블로그, 유튜브를 통해 공방은 어느 정도 홍보가 된 것 같았다.

아무것도 하지 않으면 아무 일도 일어나지 않는다고 했다. 나는 공방 오픈 초기에 그레이의 '하기나 해'라는 노래를 매일 들었다. 노래 가사는 말 그대로, 고민하지 말고 일단 하기나 하라는 내용이었다. 나는 매일 이 노래를 들으면서 고민하면서 망설이기 전에 '일단 하기나 하자'라는 마음으로 그냥 했다. 주어진 상황에서 내가 할 수 있는 것들을 그냥 하다 보면 언젠가는 나의 노력들이 결과로 돌아온다.

사진을 잘 찍어야 시선을 끈다

SNS 운영의 기본은 '사진'이다. 결론적으로는 사진을 잘 찍어야 한다. 매번 인스타그램에 예쁜 사진을 올리는 것은 아직까지도 나에게는 어려운 일이다. 하지만 내 계정의 팔로워가 늘어나고, 검색했을 때 상위권에 노출되려면 괜찮은 사진을 찍어 올리는 방법 밖에는 없다.

나는 20대 중반에 사진 동호회에서 잠깐 활동한 적이 있다. 그때는 사진을 배우러 출사를 나갔지만 친목의 느낌이 강해서 제대로 배우지 못했다. 배우려고 해도 감도, 노출, ISO 등 어려운 용어가 등장하자 배우고 싶은 생각보다는 그냥 동호회를 즐기고 싶은 생각만 있었다. 내가 공방을 운영하면서 가장 후회했던 것이 그때 사진을 제대로 배워두지 않은 것이다.

나 역시도 공방 초기에 사진에 대한 고민이 많았다. '좋아요' 수가 많아지고 팔로워가 늘어야 홍보가 되는데 사람들의 시선을 끌 만한 사진이 없었다. 나는 유튜브를 통해 핸드폰 카메라로 예쁘게 사진 찍는 방법 등을 검색하면서 핸드폰 카메라의 기능을 익혔다. 그리고 시간이 생길 때마다 사진 찍는 연습을 했다. 주말이 되면 공원이나 예쁜 카페에 가서 SNS

에 업로드할 사진과 영상을 찍곤 했다.

그렇게 사진과 카메라에 대한 대략적인 용어와 기능을 익힐 때쯤, 동호회 활동을 할 때 사용하던 카메라를 꺼내들었다. 그리고 카메라로 사진 찍는 연습을 시작했다. 확실히 구형 핸드폰의 사진과 카메라로 찍은 사진의 차이가 컸다. 나는 핸드폰은 내려두고 카메라로 사진을 찍기 시작했다. 하지만 근사한 사진이 나오지 않아 결국 사진 촬영과 사진 보정에 대한 유료 클래스를 수강했다. 사진을 찍고 핸드폰으로 옮겨 보정하고 SNS에 업로드하는 연습을 끊임없이 했다.

사진을 계속 찍다 보면 나의 사진 스타일과 취향이 드러나게 되는데, 그것을 나의 SNS 피드의 전체적인 스타일로 잡아가면 된다. 사람들은 사진 그 자체보다는 피드의 전체적인 느낌을 보는 경우가 많다. 그래서 비슷한 톤의 사진들을 업로드해두면 '보는 맛'을 느끼고 내 계정을 팔로우하게 된다.

사진은 SNS 외에 판매를 위해서도 꼭 필요하다. 구매욕을 불러일으킬 만큼 제품을 사진으로 잘 담아내야 한다. 아이디어스에서는 '사진'을 중요시하여 판매 제품을 택배로 보내면 촬영해주는 서비스를 제공하고 있다. 그만큼 사진은 판매에 중요한 역할을 한다.

인터넷에서 옷을 사려고 검색하다 보면, 옷의 디테일 사진과 함께 전체적인 분위기를 위한 연출 컷이 들어가 있는 것을 볼 수 있다. 예쁜 사진은 옷을 더 예쁘게 보이도록 해주고, 결과적으로 판매를 이끌어 낼 수 있기 때문에 판매하려는 옷과 큰 관련성이 없어 보이는 사진도 함께 업로드하는 것이다.

나는 지금도 괜찮은 사진을 찍기 위해 1박 2일로 촬영 여행을 떠나기도 하고 스튜디오를 대관해 제품 촬영을 하기도 한다. 그렇게 하루를 날

잡고 촬영을 한 뒤 한 컷씩 업로드하는 것인데 이렇게 하면 SNS용 사진 촬영에 대한 부담감이 꽤 줄어든다.

한계를 두지 않는 용기와 도전

2021년 여름, 주문 제작 문의가 들어왔다. 아주 큰 라탄 꽃을 만드는 작업이었고 문의를 한 곳은 '토리버치'라는 브랜드의 매장 디스플레이를 담당하고 있는 회사였다. 그 업체는 나에게 사진을 한 장 보내면서 사진과 똑같이 만들 수 있는지를 물었고, 대략적인 작업 비용을 알려달라고 했다.

한 번도 해 본적 없는 작업이었지만 잘 할 수 있을 것 같았고 하고 싶었다. 나는 근처에 라탄 재료를 도매로 판매하는 사장님께 달려가 재료를 구입해왔다. 업체에서 보내준 사진을 한참 들여다보고, 어떻게 하면

될지 구상했다. 그리고 사진의 모양과 똑같이 축소 버전으로 만들었다. 견적서도 재료 도매 업체에 전화해서 구체적으로 금액을 알아보고, 나의 인건비와 재료비를 구분하여 디테일한 견적서를 작성했다. 그리고 그 견적서와 사진 파일을 문자와 이메일로 보냈다. 업체가 나에게 작업을 의뢰한 지 3시간도 채 되지 않은 시간이었다.

   며칠 후, 그 업체에서 연락을 줬고 나와 일하겠다는 답변을 받았다. 작업이 본격적으로 시작되자 구체적인 논의를 위해 담당 실장님이 공방을 방문하셨다. 작업에 대한 논의를 마친 후 실장님께서 이런 이야기를 하셨다. 사실 이 작품을 의뢰할 때 나 외에도 많은 공방에 연락했다고 한다. 그런데 나처럼 샘플을 만들어 보내고, 구체적인 견적서를 보낸 사람은 없었다고. 샘플 사진과 구체적으로 조사한 견적서를 보니 나와 일하고 싶단 생각이 들었고, 바로 계약을 한 거라고 하셨다.

   내 작품은 잠실 롯데 백화점 토리버치 매장에 여름 시즌 동안 전시되었다. 이 작품은 존재도 모르던 우리 공방을 알리는 큰 역할을 했고, 이 작업을 계기로 다양한 제작 문의가 들어왔다. 이 작품을 보고 방송사에서도 연락이 와서 작은 다큐 프로그램에 출연해 보는 경험도 했다.

   '디올' 브랜드의 VIP 행사장의 라탄 화분 커버 작업 의뢰가 들어와 작업을 하기도 했다. 내가 이런 일을 할 수 있었던 것은 남들보다 더 열심히 한 것 외에는 없다. 내 상황에서 할 수 있는 최선을 다했고, 그 간절함과 노력이 통한 것이다.

3장

취미를 생업으로,
공방 창업

나처럼 손으로 만드는 것을 좋아하는 사람들은 대부분 언젠가는 공방을 창업하고 싶어한다. 나도 그랬다. 하지만 마음 뿐, 공방 창업은 막연한 꿈일 뿐이었다. 그러다 라탄을 만나고 생각이 바뀌었다. 안정적인 교사라는 직업을 버리고 라탄 공방을 만들고 싶을 정도로 공방 창업에 대한 간절함이 커졌다. 창업은 멀고도 힘든 길이었지만 흘린 땀방울을 배신하지 않는다. 수많은 어려움을 이겨내고 덕업일치를 이룬 것에 감사한다.

교사를 그만두고 공방을 열다

나처럼 손으로 만드는 것을 좋아하는 사람들은 한 가지 공통점이 있다. 바로 마음속에 공방 창업이라는 꿈을 가지고 살아간다는 것이다.

 나 또한 사회생활을 시작한 후 그냥 막연히 공방을 차리고 싶었다. 어떤 공예로 어떤 공방을 차리고 싶다는 정도의 구체성도 없었다. 그렇다고 내 진로를 이쪽으로 선택해서 그 꿈을 쫓아 살아온 것도 아니었다. 나는 선생님인 엄마의 영향을 받아 직업은 선생님 밖에 없는 줄 알았고, 당연히 나의 직업도 선생님이라고 생각하며 자랐다.

 그러다 보니 자연스럽게 사범 계열의 대학으로 진학했다. 전공도 나와 꽤 잘 맞았고 교생 실습을 거쳐 자연스럽게 선생님이 되었다. 학교 업무나 학생들을 가르치는 일도 잘 맞는 편이라 어려움 없이 교직 생활을 이어갔다. 하지만 마음속에는 은연중에 나중에 꼭 공방을 차리고 싶다는 생각이 자리잡고 있었던 것 같다.

 교사 5년차 즈음, 새로운 것을 도전해 보고 싶었다. 3년 정도 고민하던 일이었는데 바로 대학원을 진학하는 일이었다. 대학을 졸업할 즈음부터 나는 심리학에 관심을 가지고 있었는데 큰 용기를 가지고 상담심리교육 대학원을 진학했다. 사실 이때 대학원을 진학한 수많은 이유 중 하나가 상담 교사 자격증 취득이었다. 상담 교사 자격증을 취득하면 나중에 나이가 들어서도 일자리가 보장될 것 같은 생각이 들었기 때문이었.

 대학원을 진학하고 나는 정말 바쁜 일상을 보냈다. 퇴근하면 대학원을 가거나, 대학원 과제와 실습을 하느라 정신이 없었다. 3학기 정도가 지나고 어느 정도 이 생활 패턴에 적응했을 때 라탄을 배우기 시작했다. 바쁜 일상 속에서도 꾸준히 라탄을 배우고 연습했다.

그렇게 5학기가 흘러 대학원을 졸업하며 상담 교사 자격증을 취득했다. 그리고 취미로 즐기던 라탄 정규과정을 마치고 강사 자격증도 취득했다. 내 미래에 대한 선택지는 3가지가 있었다. 첫 번째는 지금 하고 있는 교사 일을 유지하는 것, 두 번째는 대학원 전공 대로 상담 교사로 진로를 바꾸는 것, 세 번째는 라탄 공방을 창업하는 것이었다.

사실 세 가지 모두 끌리는 선택지였다. 대학원을 진학할 때는 대학원 전공을 따라 과목을 변경하려는 목적이 컸었다. 그래서 졸업 후 상담 교사 임용 공부를 해서 그 쪽으로 진로를 바꿀 계획이었다. 이 목표를 위해 퇴근 후에 대학원을 오가며 바쁘고 피곤한 생활을 했던 것이다. 하지만 라탄 공방이라는 선택지가 추가되니 상담 교사라는 선택지가 나에게는 더 이상 매력적이지 않았다. 내가 정말 오랫동안 꿈꿔오던 공방 창업이라는 선택지가 생겼기 때문이다.

그렇다고 상담 교사라는 선택지를 무 자르듯이 싹둑 자른 것은 아니었다. 대학원을 다니는 동안에 내가 투자했던 시간과 돈, 체력, 그리고 바빠서 지인들을 자주 보지 못해 소홀해진 인간관계 등이 아깝기도 했고 보상받고 싶은 마음도 있었다. 내가 처음 대학원 진학을 결정했을 때 내가 세워둔 인생 계획이 있었다. 당시 몸 담고 있던 교사 일이 잘 맞긴 하지만, 멀리 봤을 때 상담 교사로 진로를 바꾸는 게 더 나을 것 같다는 판단이 들어서 결정한 일이었다. 퇴직 후에도 일을 계속 할 수 있을 것 같았고 꼭 학교가 아니더라도 다양한 분야에서 취업이 가능하다고 생각했다.

하지만 이 일도 내가 하고 싶었던 일은 아니었던 것 같다. 내가 하고 싶은 일보다는 내 여건에서 선택할 수 있는 직업들 중 가장 괜찮아 보이는 선택지를 선택했던 것일 수도 있다. 사회생활을 7년 정도 경험해보고, 나이는 서른이 되니 이제는 내가 진짜 해보고 싶은 일을 해보고 싶었다. 어차피 한 번 사는 인생인데 내가 하고 싶은 일은 해 봐야 아쉬움이 없지 않을까? 하는 생각이 머릿속을 지배했다.

내가 학교에서 근무했다는 사실을 밝히면 대부분의 사람들은 놀란 기색이 역력하다. '그 좋은 직업을 두고 왜?'라는 눈빛을 보내기도 한다. 사실 내가 공방 창업을 도전할 수 있었던 이유 중 하나는 내가 기간제 교사였다는 점이다. 나는 대학을 졸업하고 임용시험을 준비하면서 기간제 교사로 일을 시작했다. 교사 일을 시작하고 시간이 점점 지날수록 임용에 대한 생각이 크게 들지 않았다. 아마도 마음 한 구석에 공방 창업이라는 꿈이 자리 잡고 있었기 때문이 아닐까 한다.

학교 일을 못하는 것도 아니고, 안 맞았던 것도 아니었다. 새 학기가 되면 두근거리는 마음으로 새로운 학생들을 맞이하고, 1년의 교육과정을 구성하고 교육하며 한 해를 보내는 일상이 즐겁기도 했다. 하지만 그런 것과 별개로 그냥 내 꿈을 이루고 싶었고 내가 진짜 잘 할 수 있는 일을 해보고 싶었다. 남들이 들으면 비웃을 수도 있겠지만, 내가 학교에 갇혀 있는 게 조금 아깝기도 했다. 학교 밖을 나가면 나의 가치가 더 빛나는 일이 있을 것만 같았다. 7년 정도 일을 하니, 이만하면 됐다는 생각이 들었다. 어쩌면 교사는 엄마의 꿈이었을 지도 모른다. 그리고 내가 현실을 살기 위한 선택이었을 수도 있다.

학교를 그만 둘 때에도 동료 교사들에게 나의 퇴사 사유가 공방 창업이라는 것을 알리지 않았다. 창업을 한 이후에도 친한 친구들 외에는 내가 창업을 한 사실을 숨겼다. 숨겼다기보다는 굳이 알리지 않았다. 내가 굳이 밝히지 않은 이유는 두 가지였는데 하나는 앞서 말했듯이 2년 안에 망해서 다시 학교로 돌아가야 할 수도 있다는 생각 때문이었고, 두 번째는 나 역시도 공방보다는 교사가 더 괜찮은 직업으로 보인다는 것을 알고 있었기 때문이다.

　가족도 예외는 아니었다. 평생을 교사로 근무하셨고, 선생님이 최고라는 말을 달고 사셨던 엄마와 요즘 사람들이 직장을 이직하며 연봉을 높이는 것을 의아하게 생각하는 아빠는 종종 사업을 꿈꾸는 나를 불안하게 생각하셨다.

　허락보다 용서가 쉽다고 했던가. 나는 일단 일을 저지르고 부모님께 알리기로 했다. 상가를 계약하고, 셀프 인테리어를 하고 학교에 퇴사 의사를 밝힌 후 가장 마지막으로 부모님께 이 사실을 알렸다. 그리고 이미 상가 계약과 인테리어를 마친 딸을 말릴 수 없다고 생각하신 건지, 아님 어릴 때부터 손으로 만드는 것을 워낙 좋아했던 탓인지 부모님도 크게 반대하진 않으셨다.

왜 하필 라탄이었나요?

　공방에 방문하는 수강생분들이 많이 물어보는 것 중 하나가 "왜 라탄인가요?"이다. 잡다하게 이런 저런 취미를 가지고 있던 내가 굳이 라탄으로 창업한 이유를 묻는 것이다.

　내가 라탄으로 창업을 한 이유는 크게 두 가지 이다. 첫 번째는 라탄이 가지고 있는 매력 때문이었고, 두 번째는 라탄 공방이라는 창업 아이템이 매력적이었기 때문이다. 애매한 답변처럼 느껴질 수 있지만 내가 할 수 있는 가장 명확한 답변이다.

　나는 공방을 찾아다니기보다는 주로 집에서 블로그나 유튜브를 통해 독학으로 취미활동을 하는 편이었다. 라탄도 그렇게 가능할 것 같아서

맨 처음 원데이 클래스를 듣고 난 후, 인터넷을 검색해서 바구니를 만들어보았다. 그런데 바구니라고 하기에도 무색할 정도로 엉성한 바구니가 완성되었다. 실핀이나 면봉은 바구니 틈 사이로 빠져나올 정도로 헐겁게 엮인 바구니였다.

  라탄은 블로그 글이나 영상으로 해결할 수 없는 것들이 있었다. 노하우가 생겨야 해결되는 부분들이 있었는데, 그 부분들이 해결되지 않으면 계속 바구니는 엉성할 수밖에 없었다. 물론 다른 공예들도 노하우가 생기고 오프라인에서 배워야 해결되는 부분이 있다. 하지만 다른 공예에 비해 라탄은 작품 크기가 크고 일상생활에서 직접 사용하는 소품이다 보니 그 엉성함이 부끄러웠다. 자수나 손바느질의 경우는 조금 어설퍼도 크게 티가 나지 않았는데 바구니는 어설픔이 한 눈에 들어왔다.

  재료를 낭비하고 싶지 않는 것도 직접 라탄 공방을 찾아가 배워야겠다고 생각하게 만든 한 요소였다. 라탄의 주재료인 환심이 수입산이고 그 당시에는 지금처럼 환심을 파는 사이트가 많지 않았기 때문에 재료를 실패 작품으로 남기는 것이 아까웠다. 그래서 한 개를 만들더라도 괜찮은 작품으로 만들고 싶었다.

　취미생활에 돈을 투자하고 싶다고 생각한 것은 라탄이 처음이었다. 그래서 클래스를 들을 수 있는 공방을 찾아봤는데, 2019년 즈음만 해도 서울에 라탄 공방이 10개가 채 되지 않았다. 그 중 몇 곳은 오픈 예정인 공방이었다. 캔들이나 도예, 자수 등 오랜 시간 동안 취미활동으로 자리 잡은 공예 공방은 많았다. 지도에 검색해보면 동네에 한두 개는 있을 정

도였다. 그런데 당시 라탄 공방이 서울에 10개도 채 되지 않는 걸 보면서, 라탄 공예라는 아이템이 이제 막 시작이라는 판단이 들었다. 수많은 공예를 취미로 거쳐 온 나도 낯설었던 라탄 공예였다.

나처럼 손으로 만드는 것을 좋아하는 사람들은 이런 저런 공예를 찾아다니며 클래스를 들어보곤 하는데, 분명 수요가 있을 것이라는 생각이 들었다. 그래서 라탄 자격증 취득을 위해 정규 클래스를 수강할 때, 나는 공방 창업을 목표로 한다고 내 의사를 뚜렷하게 밝혔고 그때부터 공방 창업을 준비해 나갔다. 실제로 나의 예상이 맞았다.

간절함으로 올인해야 성공한다

사람들은 종종 나에게 묻는다. 왜 공방을 차렸냐고. 내 대답은 심플하다.

"제 인생 버킷 리스트라서요. 근데 망하더라도 빨리 망하자는 마음으로요."

내 대답을 들은 사람들은 '망하려고 창업했다고요?'라며 의아해하지만 솔직히 처음엔 그랬다. 사실 나는 공방으로 수익을 내는 게 쉽지 않다는 것을 잘 알았다. 그럼에도 공방 창업을 할 수 있었던 이유는 앞서 말했듯이 '살면서 공방 창업을 한 번은 할 것 같은데 망하더라도 빨리 망하자'라는 마음에서였다. 창업 초기 때만 해도 금방 망할 줄 알았다. 내가 공방 운영으로 계획했던 기간은 최대 3년이었다.

망해도 좋다는 마음으로 공방 창업을 했던 이유 중 하나는 믿는 구석이 있었기 때문이었다. 남편이 직장 생활을 하고 있었고, 고정적인 수입이 있으니 부부 중 한 명은 이런 도전을 해도 괜찮겠다 싶었다. 공방 창업

자체가 소자본 창업이기 때문에 큰돈이 들지 않아 보였고, 대략적으로 견적을 내보니 부담스럽지 않은 창업비용이었다. 그래서 정말 가벼운 마음으로, 마치 폐업 날짜를 받아놓은 사람의 마인드로 공방을 창업했다.

사업자 등록을 하고 사업자 통장을 개설하고, 카드 단말기를 설치하는 등 준비 과정도 마냥 즐겁고 새롭기만 했다. 공방에서 판매해 볼 만한 작품들도 여러 가지 만들어 놓고, 원데이 클래스를 오픈하기 위해 클래스 커리큘럼도 짜면서 한 달 정도를 보냈다. 그리고 본격적으로 클래스 공지와 함께 공방 오픈 이벤트를 연다는 홍보물을 올리기 시작했다.

그런데 공방을 연 지 얼마 안 돼 남편이 다니던 직장을 그만 두게 되었다. 다른 회사로의 이직이 아닌 고시 공부를 위한 퇴사였다. 30대 중반에 잘 다니던 회사를 그만두고 새로운 꿈을 위해 도전해보고 싶다고 했다. 그 즈음 우리는 미래에 대해 많은 이야기를 나눠왔고 변화가 필요한 시점이라는 것도 알고 있었다. 내가 교사를 그만 두고 공방을 창업하겠다고 했을 때 1초의 망설임도 없이 내 꿈을 지지해준 남편이었기에 나도 남편의 꿈을 지지해주기로 했다. 남편은 이직한 지 1년이 되지 않아 퇴직금도 받지 못한 채 퇴사를 했다.

그렇게 나는 공방 창업 두 달 만에 갑자기 우리 집의 가장이 되었다. 우리 부부의 생활에 필요한 모든 비용을 내 수입으로 해결해야 하는 상황이 되니 나는 이 공방 일을 온전히 '직업'으로 삼을 수밖에 없게 되었다.

가볍게 생각했던 공방 운영이 생계가 되자 전투적으로 뛰어들 수밖에 없었다. 공방이라는 직업 자체가 고수익을 창출하는 직업이 아니기 때문에 막막하기도 했다. 엎친 데 덮친 격으로 코로나가 심각해졌고 정말 눈앞이 캄캄했다. 하지만 막막하다는 이유로 공방을 다 접고 다시 학교로 돌아갈 순 없었다. 어떻게든 이 공간에서 돈을 벌어야 한다는 의지를 불태우기 시작했다.

　기존에 작가로 등록해 두었던 아이디어스에도 판매 작품을 올리기 시작했고, 스마트스토어도 개설했다. 공방을 오가는 고객들에게만 판매하려고 했지만 마음이 불안해져 선택한 일이었다. 할로윈이나 크리스마스, 설날 등 이벤트가 있는 달에는 기획 상품을 제작해서 반짝 판매를 했고, SNS 이벤트를 통해 많은 사람들이 나의 제품을 볼 수 있도록 했다. 클래스용 샘플 작품이나 퀄리티가 낮은 작품들은 시즌에 한 번씩 '창고 대개방'이라는 명분으로 대폭 할인해서 판매했다.

　클래스 수강생들을 대상으로는 SNS에 관련 게시글을 올리면 수강료의 일정 금액을 할인해주거나 신청자에 한해서 공방 클래스 과정을 브이로그로 만들어주는 이벤트를 진행했다. 계절에 따라 클래스 항목을 바꿔서 수강생들이 꾸준하게 클래스를 듣도록 유도했고 다행히도 많은 수강생들이 찾아왔다. 여름에는 PVC 재질의 투명 가방을 증정한다거나 겨울에는 퍼 원단 가방을 클래스로 오픈하는 등 시즌에 맞게 계속해서 무엇인가를 개발했다.

　할 수 있는 건 뭐든지 하자는 마음으로 유튜브를 시작했고, 공방 브이로그를 찍어 업로드하기도 했다. 공방 홍보를 위한 일이나 수익이 되는 일은 무엇이든 가리지 않고 했다. 잠자는 시간을 줄여가면서 판매 작품을 만들고, 클래스를 개설하고, 업로드용 사진과 영상을 찍는 일상을 보냈고 이 시기의 모든 과정들은 공방이 자리 잡을 수 있는 발판이 되었다.

　'만약 남편이 그때 일을 그만 두지 않았다면 나는 아직도 공방을 운영하고 있을까?'라는 생각을 종종 한다. 남편이 고정적인 수입이 있었다면 나는 공방 운영에 큰 에너지를 쏟지 않고 최선을 다 하지 않았을 수도 있다. 코로나처럼 예상치 못한 위기가 닥쳤을 때 공방을 포기했을 지도 모

른다. 나는 열심히 하려고 했는데, 코로나라는 변수가 등장해서 손 쓸 수 없었다며 나를 합리화하면서 힘들게 도전한 이 일을 쉽게 마무리 지었을 것이다. 정말 아무도 모르게 창업했다가 아무도 모르게 폐업하고, '한 번 해봤으니 미련 없다!'며 다시는 도전 같은 걸 하지 않았을 지도 모른다. 생계를 책임져야 하는 가장이 되어 이 일을 진짜 직업으로 생각하고, 수익을 창출해야 한다는 간절함이 있었기에 비교적 성공적으로 공방을 운영할 수 있었다고 생각한다.

생각보다 많은 사람들이 퇴사 후 공방 창업이 꿈이라고 말한다. 실제로 공방에 오시는 분들 중 많은 분들이 공방 창업을 하고 싶어 한다. 공방을 운영한다고 하면 가장 많이 듣는 소리는 '부럽다'는 말이다. 아마도 평화로워 보이는 공간에서 여유롭게 취미생활을 하며 돈도 벌 수 있다는 생각 때문일 것이다. 또한 직장 상사의 눈치를 볼 필요도 없고 불필요한 사회생활을 하지 않아도 된다고 생각해 부러워하는 것 같다. 물론 내 공간에서 상사의 눈치를 볼 필요 없이, 프리랜서처럼 일하는 것은 매우 큰 장점이다. 내 상황이나 스케줄에 맞춰 일을 할 수 있고 시간을 내 마음대로 편하게 사용할 수도 있다.

하지만 실제로 취미생활로 수익을 내려면 생각보다 많은 노력과 시간, 에너지를 쏟아야 한다. 예쁜 공간에 앉아 고고한 취미를 즐기며 여유롭게 공방을 운영하는 것은 나에게도 꿈이다.

내가 망하지 않고 지금까지도 공방을 운영할 수 있었던 것은 공방이 나의 '직업'이 되었기 때문이다. 가벼운 마음으로 시작한 일이었지만, 남편의 퇴사로 가장이 된 후 생계를 유지하기 위해 정말 치열하게 할 수 있는 모든 것을 했다.

나는 최근에도 "공방을 창업했는데, 어떻게 홍보하고 운영해야 할지 몰라 연락드렸다"는 전화를 받았다. 내 클래스를 듣고 창업한 수강생도 아니었고, 나의 제품을 구매한 경험이 있는 공방 선생님이었다. 나와의 관계성이 모호함에도 용기 내 연락을 주신 걸 보니 얼마나 막막했으면 나한테까지 물어볼까 싶어 상담을 해드렸다. 맨땅에 헤딩하던 나의 창업 초기가 생각나기도 했고, 실제로 물어볼 만한 사람이 없다는 것도 잘 알기에 차마 그 전화를 무시할 수가 없었다. "그냥 공방을 차리면 될 줄 알았어요"라는 말에 나는 웃을 수밖에 없었다. 공방은 차린다고 다가 아니라, 수익화하고 운영하려면 나 자신을 갈아넣어야 한다는 것을 이제는 잘 알기 때문이었다. 그저 좋아 보여서 공방 창업을 생각중이라면 다시 한 번 생각해보길 바란다.

내가 잘하는 것에 집중하는 것이 최선

공방은 대부분 클래스와 판매를 병행한다. 저마다 클래스와 판매의 비중이 다르지만 나의 경우 처음 오픈할 때부터 클래스 70%, 판매 30%의 비율로 운영하겠다는 나름대로의 기준이 있었다.

클래스 비중을 높게 잡은 이유는 크게 두 가지이다. 하나는 수강생분들과의 교감을 통해 힐링을 할 수 있어서였다. 다른 하나는 7년 동안 학생들을 데리고 수업을 하던 사람이라 그런지 라탄 클래스를 하는 것 자체가 재미있었다. 일하면서 '재미있다'라고 느끼는 건 정말 큰 축복이라고 생각할 정도로 클래스는 나와 잘 맞는다. 반면 고객과의 소통이나 교류 없이 소품을 만들고 판매하는 것은 클래스만큼 즐겁지가 않았다. 그래서 나는 판매보다는 클래스에 집중하기로 했다.

클래스도 원데이 클래스, 취미반, 정규반, 자격증반, 단체 클래스, 비대면 클래스 등 종류가 다양하다. 클래스를 쭉 진행하면서 느낀 것은 나는 단체 클래스와 원데이 클래스가 내 적성에 잘 맞는다는 것이었다.

원데이 클래스에 오는 수강생들은 대부분 일상에 지쳐 공방에 와서 힐링의 시간을 보내고자 하는 분들이었다. 그 힐링의 시간을 내가 제공해 줄 수 있다는 점이 마음에 들었다. 원데이 클래스에 오는 수강생들은 나와 다시 볼 사이가 아니라서 그런지 자신의 고민을 가볍게 말하거나 힘든 점을 공유해주는데 나는 이런 대화들이 참 좋았다. 내가 잘 모르는 직업군이나 삶에 대해 듣는 것이 마치 책 한 권을 읽는 것처럼 흥미로웠다.

단체 클래스는 여러 사람들이 함께 모여 있는 것만으로도 전해지는 에너지가 있는데 그런 에너지들이 나에게 전달되어서 좋다. 클래스를 진행하는 내내 바쁘고 정신없지만 클래스를 끝내고 나면 이 많은 사람들이 다 작품을 완성했다는 것에서 오는 뿌듯함이 클래스하면서 힘들었던 것들을 잊게 만든다.

대부분 단체 클래스는 기업이나 소속된 집단에서 연수 형태로 잡은 것이라 수강생들이 별 기대를 하지 않고 온다. 어쩌면 회사의 업무 중 하나라고 느끼고 아무런 기대감 없이 오는 것 같기도 하다. 나는 이런 집단을 만나면 '라탄에 재미에 빠져서 즐겁게 돌아가게 해야지'하는 의지가 불타오른다.

한번은 40~50대 남성 직원들을 대상으로 단체 클래스를 한 적이 있었다. 강의실에 들어가자 "바구니 만들어요? 에이~ 우리 그런 거 안 해~"라고 하시면서 은근한 속마음을 내보이셨다. 시작도 하기 전에 그런 소리를 들으니 갑자기 의욕이 사라지고 집에 가고만 싶었다. 단체 클래스 경험도 많지 않을 때라 어떻게 대처해야 할지도 몰랐다. 하지만 나는 이 연수를 어떻게든 진행해서 완성작품을 만들어야만 했기 때문에 마음을 다 잡았다. '라탄 재밌네요'라는 말을 들을 수 있게 클래스 잘 하자는 생각으로 임했다.

클래스가 시작되고 라탄을 엮기 시작하자 모두가 라탄 엮는 데에 집중하는 모습을 보였다. 나중에는 자신이 미대를 가서 이런 걸 했어야 했다면서 너스레를 떠는 분도 계셨다. 처음에 그런 거 안 한다며 손사레를 쳤던 분도 한 개 더 만들고 싶다며 즐거워하셨다. 처음에 긴장했던 마음이 모두 다 풀어지는 순간이었다. 다들 즐겁게 라탄을 엮는 모습을 보니 나도 열정이 불타올랐고, 클래스는 화기애애한 분위기로 잘 마무리되었다.

나중에 클래스 후기를 SNS에 올렸는데, 클래스에 참여하셨던 분들이 즐거웠다고 댓글도 달아주셨다. 단체 클래스는 이런 매력이 있다. 처음에는 긴가민가 하지만 클래스를 마치고 나면 결과물에 만족해하면서 강의실을 떠난다. 그래서 나는 클래스 중에서도 단체와 원데이 클래스를 많이 운영했다.

그런데 공방을 운영하다 보면 원하든 원하지 않든, 다른 공방들의 소식을 듣게 된다. 요즘은 SNS가 잘 되어 있어서 내가 굳이 보고 싶지 않아도 관련된 게시물이 계속해서 눈에 띤다. 이때 염탐 아닌 염탐을 하게 되는데 다른 공방들과 비교하면서 자신감을 잃게 되는 경우가 많다. 다른 공방은 색다른 클래스도 하는 것 같고, 수강생도 나보다 많은 것 같아 보여서 자괴감에 빠지게 된다. 패션에도 큰 흐름이 있듯이 클래스에도 여러 가지 종류가 있고, 유행처럼 지나가는 흐름이 있다.

나도 이 흐름에 한 번 크게 휩쓸린 적이 있다. 나는 나름 콘셉트가 뚜

렷한 공방으로 운영하고 있었는데 요즘 유행하는 클래스, 다른 공방에서 하는 클래스도 모조리 다 해야 할 것 같은 압박감에 시달렸었다. 공방의 위치나 수강생들의 특성, 공방 주인의 성향에 따라 클래스의 방향성은 달라지기도 하는데 나는 이런 특성들은 모두 배제한 채 여러 가지 클래스를 다 끌어왔다. 하지만 유행하는 클래스는 나와 잘 맞지 않았고, 공방의 위치 특성상 그런 클래스를 원하는 수강생도 없었다. 그런데 그냥 나 빼고 모두가 하는 것 같아서 억지로 끼워 맞춘 것들이었다. 내가 원하던 것이 아니었고 내 취향이 아니었기 때문에 클래스도 재미가 없어졌고, 작품이나 클래스를 창작하고 만드는 재미도 사라졌다.

　이렇게 한 번 길을 잃고 나니 판단력은 더 흐려지고 자존감이 낮아져서 더 안 좋은 결과를 낳게 되었다. 다시 처음으로 돌아가서 내가 잘 할 수 있는 것들을 하면 됐는데 나는 그 반대로 갔다. 다른 공방들과 비교하면서 30% 정도로 기준을 잡아 두었던 판매 비중을 늘려 나가기 시작했다. 클래스 커리큘럼을 짜던 시간에 온라인, 오프라인으로 판매할 제품들을 만들기 시작했고 소품 샵이나 오프라인 매장에 입점할 생각으로 여기저기 제안서를 넣기 시작했다.

　생각보다 판매량이 많지 않았고, 나는 수고롭게 만든 작품들을 처음 책정한 가격보다 낮게 책정하며 재고를 판매하는 데 에너지를 쏟았다. 이 과정에서 나는 점점 더 자신감을 잃어갔고 이러다가는 공방을 접어야 할지도 모른다는 생각까지 들었다.

　나는 이건 아니다 싶어서 나와 맞지 않는 것들은 과감히 포기하기로 했다. 그리고 공방을 처음 오픈했을 때처럼 내가 좋아하고 잘 할 수 있는 것들로 채워나갔다. 우리 공방만의 특색있는 클래스를 짜고, 단체 클래스에 적합한 커리큘럼을 짜서 안내문을 미리 제작해두면서 수강생을 모집했다. 주문 제작이나 판매의 비중도 다시 30% 정도로 낮췄다. 그랬더니 나의 클래스를 듣고 싶어 하는 수강생들이 다시 공방을 찾아오기 시작했고 나는 다시 자신감이 생겼다. 이런 과정을 겪은 후, 나는 더 이상 다른 공방과 나의 공방을 비교하는 일을 멈추게 되었고 나의 취향을 반영한 작품들과 클래스로 입소문을 타기 시작했다.

내가 추구하는 공방의 원데이 클래스는 '힐링'이다. 예쁜 찻잔과 티팟을 구입했고, 여행지에서 우연히 맛본 향이 좋았던 홍차도 구입했다. 수강생들이 오면 티팟에 정성스럽게 티를 우려냈고, 찻잔에 받친 컵에 홍차를 따라드렸다. 잔잔한 음악과 함께 라탄을 엮고, 잠시 쉬어가는 시간에는 동네 맛집의 쿠키를 함께 나눠먹었다.

또한 공방 사진을 위해 카메라 렌즈도 교체했다. 수강생들이 클래스에 참여하는 모습을 사진과 영상으로 담아드리기 위함이었다. 커플이나 부부가 오면 꽁냥거리는 모습을 담아드리기도 하고, 혼자 혹은 친구와 온 수강생분들도 그 시간을 사진으로 남겨드렸다. 시간을 박제하는 사진이나 영상 작업에 한창 꽂혀있을 때는, 수강생들에게 미리 신청을 받아서 미니 브이로그를 제작해드리기도 했다.

내가 그렇게 했던 이유는 공방에서 온전한 힐링의 시간을 얻어가길 바래서였다. 나는 예쁜 찻잔에 담긴 홍차와 잔잔한 음악이 나오는 예쁜 공간에서 시간을 보내면 힐링했다는 느낌을 받기 때문에 내 스타일대로 제공한 것이다.

사진이나 영상을 드리는 것도 비슷한 이유다. 나도 연애 시절 사진을 참 많이 찍었었고, 데이트의 순간을 짧게나마 영상으로 자주 남겼었다. 시간이 지나고 지금도 그 시절의 사진과 영상을 찾아보곤 하는데, 그때의 우리의 모습이 담겨있어서 참 좋았다. 공방에 오시는 수강생분들도 그 순간의 사진들을 보면서 공방을 한 번이라도 더 추억했으면 한다.

이렇게 하는 것이 가끔은 힘들고 버겁지만 이러한 점들이 우리 공방의 특색이고 이런 점들 때문에 이 많은 공방들 중 나의 공방을 찾아주는 거라고 생각하기 때문에 즐거운 마음으로 하게 된다. 다른 곳들과 비교하면서 흔들거리지 않기 위해서는 확고한 나의 취향과 특색이 있어야 한다.

1인 사업자는 몸이 열 개라도 부족하다

어느 날, 친구가 나에게 이런 이야기를 한 적이 있다. 나를 보니 공방 운영이라는 게 기획부터 재정, 마케팅, 운영까지 모든 걸 다 해야 하는 것 같다고. 일반 회사에서는 부서를 나눠 하는 업무들을 나는 혼자 다 하고 있는 거라고 했다. 생각해 보니 정말 그랬다. 아이디어 회의부터 샘플링 작업, 클래스 계획 및 운영, 홍보, 상담, 재정 및 서류 업무까지 모두 다 나 혼자 하고 있었다.

물론 버겁다. 공방을 열고 우아하게 작품을 만들거나 클래스를 하는 것만 생각했다면 하나부터 열까지 직접 다 해야 한다는 현실을 받아들이기 힘들 수도 있겠지만 선택의 여지는 없다. 어렵더라도 해야 공방을 계속 할 수가 있다.

새로운 클래스를 여는 것은 회사에서 신제품을 출시하는 과정의 축소판이 아닐까 한다. 물론 기업에 비해 전체적으로 간소화되고 규모는 작다.

새로운 수업을 오픈하는 과정을 예를 들어보면, 먼저 수업 아이템을 구상하고 난이도에 맞게 과정을 짜야 한다. 커리큘럼이 확정되면 SNS를 통해 새로운 클래스에 대한 글을 게시하여 홍보하고, 많은 수강생들이 클래스를 신청하도록 유도해야 한다.

기업에서는 이런 일들을 각각 부서에서 업무를 나눠 수행하지만, 1인 사업자의 경우 이 모든 걸 혼자 해야 한다. SNS 활동도 열심히 해서 일반 고객들에게 자주 노출되도록 해야 하고 늘 새로운 아이템을 개발해서 수업으로 연결시켜야 한다. 수강생들을 상대로 상담, 스케줄 조율, 수업 진행도 해야 한다. 또한 재료를 구입, 판매하거나 수업료를 지급받을 때 필요한 모든 서류 작업과 정산, 계약서 작성 등도 해야 한다. 한 가지라도 소홀하게 하거나 제대로 되지 않으면 공방은 운영에 어려움을 겪게 된다. 이러한 과정들은 단순히 즐기고자 하는 마음으로는 수행하기가 어렵다.

혼자서 모든 것을 책임지고 진행시키는 일은 생각보다 많은 에너지가 들어간다. 클래스 스케줄을 조율하는 것은 단편적으로 보면 단순한 업무이다. 하지만 클래스와 여러 가지 공방의 잡일과 병행하다 보면 이 단순한 업무도 놓치게 된다.

공방 초기, 오전 클래스를 마치고 공방 뒷정리를 하고 있었다. 그날따라 너무 피곤해서 이른 퇴근을 결심한 날이었다. 뒷정리를 거의 마무리할 때 즈음 어느 커플이 들어왔다. 공방 초기라 들어와서 구경을 하던 손님들이 많은 시기였다. 그 커플 손님도 공방 구석구석을 살피며 사진을 찍기도 하고, 이게 예쁘다, 저게 예쁘다 하며 소품 샵 구경하듯 했다. 나는 이 손님들이 나가면 퇴근할 생각으로 응대 중이었는데, 이 커플 손님이 클래스용 책상에 앉는 것이었다.

나는 당황스러운 마음을 감추고 "클래스 예약하셨나요?" 라고 물었고, 그들은 예약했다고 했다. 성함을 들으니 클래스를 예약했던 기억이

났고, 나는 아무렇지 않은 척 빠르게 클래스 준비를 해서 진행했다. 아마도 클래스 예약을 진행하고, 정신이 없어서 스케줄러에 기록하지 못한 듯했다. 그날을 생각하면 아직도 아찔하다.

작품이나 클래스 구상, 홍보, 상담, 판매 등 어느 것 하나 쉬운 것이 없었지만 그 중에서도 가장 힘들었던 일은 온라인 클래스를 오픈한 일이다. 상가 계약을 마치고, 공간을 어느 정도 꾸민 뒤 수강생을 모집할 즈음 코로나19가 터졌다. 모임이나 외출을 자제하는 분위기가 형성되었고 공방 골목은 한산해졌다.

주변에서는 이런 시국에 창업하는 것을 걱정하는 눈치였다. 나도 겉으로는 태연한 척했지만 매일 뉴스와 인터넷 기사를 들여다보며 이 코로나 사태가 언제 끝나는지 안절부절 했다. 그러다가 우연히 TV에서 강연 프로그램을 보게 되었다. 강연에서는 이 시국이 오래 갈 것이고 코로나가 끝난다고 해도 코로나 이전의 삶의 형태로는 돌아가기 힘들 것이라고 했다.

나는 그 강의를 들으면서 코로나가 끝나길 바라고 있을 것이 아니라 '비대면 시대'에 맞게 움직여야겠다고 생각했다. 그래서 그날 이후 온라인 클래스를 런칭해야겠다는 결심을 했고 '클래스 101'을 비롯한 여러 온라인 취미 플랫폼에 강의 제안서를 넣기 시작했다.

낮에는 공방에서 클래스를 진행하고 남는 시간에는 돈을 어떻게 벌어야 할지 궁리를 했고, 퇴근 후에는 온라인 클래스 커리큘럼을 짜고 강의 제안서를 만들어 업체에 보냈다. 나는 온라인 클래스 오픈이 너무나도 간절했고, 간절한 만큼 강의 준비를 정말 열심히 했다. 이미 오픈한 다른 클래스의 커리큘럼을 살펴보고, 내 커리큘럼을 보완해나갔다. 다른 클래스와는 차별점이 있어야 했기 때문에 클래스 구성에 정말 많은 에너지를 쏟았다. 나의 간절함이 통했던 것일까? 나는 클래스 런칭에 성공했다.

온라인 클래스를 런칭하는 일은 생각보다 쉽지 않았다. 가장 큰 문제는 '영상작업'이었다. 나는 영상을 제대로 찍어본 적도 없고 편집 프로그램을 다뤄본 적도 없었다. 사회 초년생 시절, 사진 찍는 것에 흥미가 생겨 사진 동호회에 참여해 본 것이 전부인 나에게 클래스 영상을 찍고 편집하는 것은 제2외국어를 배우는 것만큼 새로운 분야였다.

하지만 이것 역시 고민하고 걱정하는 것에 시간을 쏟을 수 없었다. 클래스 런칭일이 잡혀 당장 클래스 영상을 업로드해야 했기 때문이다. 나는 유튜브와 온라인 강의를 통해 편집 프로그램을 배우면서, 동시에 편집을 하는 초인적인 능력을 발휘했다.

지금 생각해보면 그걸 어떻게 해냈는지 신기할 정도이다. 그때 나는 아침 8시부터 11시까지 온라인 강의 영상을 촬영하고, 11시부터 오후 9시까지 공방에서 클래스를 진행하고, 퇴근하고 새벽 2~3시까지 영상을 편집하고 업로드하는 스케줄을 이어나갔다.

영상을 촬영하는 일도 쉽지 않았다. 경험이 없었던 터라 라탄을 엮는 영상을 쭉 촬영하고 그 영상을 다시 보면서 대본을 작성했다. 그리고 그 대본을 따로 녹음한 뒤 편집한 영상에 음성을 덧입히는 방식으로 진행했다. 다 촬영한 후, 컴퓨터에 파일을 옮겨 영상을 확인해 보면 초점이 나가 있는 경우도 있었고, 중간에 용량이 초과되거나 배터리가 다 되서 영상이 끊긴 경우도 있었다. 그러면 눈물을 머금고 다시 촬영해야만 했다.

너무 힘들어서 울기도 했고 한계에 부딪혀 남편의 도움을 받기도 했다. 영상 편집을 처음 해보는 내가 60개 가까이 되는 분량의 강의 영상을 촬영하고 편집하려 하니 불가능에 가까웠다. 그래서 당장 전자제품 매장에 가서 노트북을 구입해서 새벽에는 남편과 함께 편집 작업을 했다. 편집을 하느라 새벽 3~4시에 잠드는 일상이 반복되었고 나는 스트레스와 수면 부족으로 인해 예민해질 수밖에 없었다. 이 일정은 3개월 동안 반복됐고 눈물로 만든 첫 번째 온라인 강의를 무사히 런칭할 수 있었다.

코로나19가 터지고 발 빠르게 대처해서인지 온라인 클래스는 수입에 큰 도움이 되었다. 또한 이때 온라인으로 클래스할 때에는 어떤 부분에 초점을 둬야 하는지, 어떻게 설명해야 수강생들이 화면을 통해 더 잘 이해할 수 있는지에 대한 연구를 하게 된 셈이었다. 그 덕분에 비대면 ZOOM 강의도 남들보다 먼저 시작할 수 있었고, 기업이나 기관 등의 비대면 연수를 진행하는 기회도 얻게 되었다.

우리는 아직도 어려운 일이 닥치면 그날들을 회상하면서 무슨 일이든지 온라인 클래스 런칭보다는 쉬울 거라며 서로를 다독이곤 한다.

공방 창업하는 데 얼마나 들까?

흔히들 공방을 '소자본 창업'이라고 말한다. 물론 공방의 규모에 따라 창업비용이 당연히 차이가 나겠지만 일반적으로 카페나 식당 등에 비하면 소자본 창업이 가능하다.

그렇다면 실제 공방을 여는 데 비용이 얼마나 들까? 나는 공방 창업을 마음먹은 후 가장 먼저 정부의 창업 지원금부터 알아보았다. 직장생활만 하느라 이쪽 분야에는 관심이 없어서 몰랐는데, 생각보다 정부 창업 지원금이 꽤 많았다. 여러 가지 분야의 지원금이 있었고 청년이나 실버 세대, IT 분야, 재창업 등 지원 분야도 다양했다.

나는 각 지원금 별로 자격 요건을 확인한 후, 내가 지원할 수 있는 분

셀프 인테리어. 페인트도 직접 칠하고
바닥도 직접 깔았다.

야를 찾아보다가 '생활혁신형 창업 지원'이라는 것을 알게 되었다. 최대 2천만 원까지 대출 개념으로 지원해준 후, 3년 뒤 경영 심사를 통해 지원금을 갚지 않아도 되는 방식이었다. 1차 서류심사와 2차 대면평가, 3차 현장실사를 통해 최종 선정되었고 2천만 원을 받을 수 있었다. 이 지원금은 월세로 사용하였고, 공방이 자리를 잡고 수익이 안정될 때까지 큰 도움이 되었다.

공방은 큰 공간을 필요로 하지 않는다. 판매 위주의 공방이라면, 샘플을 전시해 둘 공간만 있어도 충분하고 클래스 위주의 공방이라면 클래스용 테이블이 들어갈 정도면 된다. 공간이 크지 않다 보니 상가도 상대적으로 저렴한 임대비로 구할 수 있다.

나의 경우 공방을 준비할 때 가능한 한 돈을 들이지 않으려고 노력했다. 꼭 필요한 테이블과 의자, 싱크대와 냉난방기, 선반 정도만 구입했고, 인테리어는 직접 했다. 임대한 공간은 8~9평 정도의 메인 공간에 창고로 쓸 수 있는 2평 정도의 공간이 더해진 총 10평 정도의 상가였다.

창고 부분을 제외하고 9평 남짓 되는 공간을 직접 꾸몄다. 근처 페인트 가게에 가서 원하는 컬러의 페인트를 구입한 뒤 주말에 남편과 함께 벽과 천장을 페인트로 칠하는 작업을 했다. 건물 층고가 3미터로 높아 페인트 작업이 정말 힘들었지만 인건비를 줄일 수 있었다. 바닥 역시 자재를 구입해서 직접 깔았다.

선반 같은 소가구들은 직접 조립해야 하는 대신 비용이 합리적인 제품들로 구입했고 설치도 직접 했다. 빈 상가를 공방으로 꾸미는 일은 그리 어렵지 않았다. 선반이나 벽, 빈 공간들은 라탄으로 채워야 했기 때문에 특별히 인테리어라고 할 게 없었다. 빈 벽에 선반을 걸어두고 그 선반 위에 라탄 작품을 올려놓으면 그 자체로 인테리어가 되었다.

초반에 공방 인테리어에 들인 비용은 500~600만 원 정도였다. 이렇게 큰돈을 들이지 않고 창업하니 마음의 부담이 적었다. 물론 더 많은 돈을 투자하여 근사하게 꾸몄다면 더 좋았을 수도 있지만 그만큼 투자비용에 대한 부담으로 힘든 시간을 보내야 했을 수도 있다.

공방을 창업하지 않고 판매나 클래스를 부업으로 시작하고자 더 부담이 없을 것이다. 필요한 것은 오직 라탄을 엮을 재료뿐이고, 가장 큰돈이 들어가는 상가 보증금과 인테리어 비용이 들지 않기 때문이다.

개인적으로는 부업 차원에서든, 정식으로 공방을 오픈하는 경우든 비용은 최소화하는 것이 좋다고 생각한다. 아무리 준비를 철저히 했어도 안정적인 수익을 창출하는 데는 짧으면 1년, 길게는 몇 년이 갈 수도 있기 때문이다. 그 시간들을 견뎌내야 비로소 취미가 수익으로 연결되니 눈에 보이는 외관보다는 내실을 기하고 실속 있게 공방을 운영하는 것이 현명하다고 본다.

tip

단체 클래스, 힘든 만큼 보람이 있다

클래스의 형태는 원데이 클래스, 정규 클래스, 온라인 클래스, 단체 클래스 등 다양하다. 여러 형태의 수업을 하다 보면 내가 어떤 형태의 수업을 좋아하는지 알게 된다. 많은 사람들 앞에 서거나 많은 인원이 제한 시간 내에 작품을 완성하도록 하는 것에 부담을 느끼면 단체 클래스보다는 공방 클래스를 더 선호하게 되고, 수강생과 하루 클래스를 함께 하고 끝내는 것보다 오래 알아가며 수업하는 것을 더 선호한다면 원데이 클래스보다는 정규 클래스를 더 선호하게 되는 식이다.

나는 단체 클래스를 꾸준하게 하고 있다. 단체 클래스 문의가 꾸준히 들어오고 있다는 것은 참 감사한 일이다. 불안정한 프리랜서의 삶이기 때문에 매달 수익에 신경을 써야 하는데 공방 정규 클래스 외에 출강 일정이 잡힌다는 것은 추가적인 수익이 생긴다는 의미이기 때문이다.

나는 공방에서 진행하는 원데이 클래스든 정규반 클래스이든, 단체 클래스이든 매 수업에 최선을 다하고 열정을 쏟아 붓는다. 특히 단체 클래스의 경우에는 많은 인원이 참여하는데 모두 다 실력도 다르고 진도도 다르기 때문에 신경 써야 할 부분이 많다. 정말 바쁘고 정신없는 수업시간이지만 나는 친절함과 열정으로 중무장하고 클래스에 임한다.

스스로가 '나 정말 열심히 했다'라고 생각할 만큼 열심히 강의하고 나오면 그에 대한 보답은 반드시 있다. 바로 클래스와 강사에 대한 평가이다. 그 평가는 후기로 올라오기도 하고, 다른 클래스로 연결되는 형태로 평가되기도 한다. 내가 클래스를 진행한 기관에서 내 강의를 다른 기관에 추천하고, 해당 기관 타 부서에 추천하는 식으로 클래스가 계속 연결되고 있다.

1~2년 전에 연수를 진행한 곳에서 이듬해에 또 다른 클래스를 제안하는 경우도 많았다. 나를 믿고 클래스를 제안해주신 분들을 실망시키지 않기 위해, 그리고 내 수업료가 아깝지 않다고 느끼게 하기 위해 나는 매 순간 정말 최선을 다해 수업을 하고 있다.

4장

재미는 더하고,
완성도는 높여주는
라탄 핵심 기법

라탄 공예는 그리 어렵지 않다. 조금만 노력하면 기본 기법은 금방 익힐 수 있다. 라탄을 잘 엮으려면 많이 엮어보는 것이 최선이다. 나는 처음 라탄을 배울 때 매주 수업시간마다 6~7개의 바구니를 만들 정도로 연습했다. 그런 노력도 중요하지만 좀 더 완성도 있는 작품을 만들려면 무조건 연습하는 것만으로는 부족하다. 2% 부족해 보이는 완성도를 채울 수 있는 핵심 기법들은 따로 있다.

이 책의 독자들은 대부분 라탄 공예를 취미로 시작했거나, 초보자 수준에서 벗어나 조금 더 퀄리티 있는 작품을 만들고 싶은 사람들일 것이다. 기본 기법은 다 익혔는데 막상 작품을 만들어보면 어딘가 모르게 허술해 보여 마음에 들지 않을 때가 있다. 실망하기에는 이르다. 왜 그런지 이유를 파악하고 그 부분만 개선하면 작품의 퀄리티를 높일 수 있기 때문이다.

하지만 문제점과 해결점을 모른 채로 무작정 엮는 연습만 하는 분들이 많다. 나 역시도 그랬다. 나의 경우에는 타원형 바구니를 원하는 모양으로 만드는 것이 힘들었다. 내가 구상했던 것보다 더 큰 작품이 완성되었고 바구니가 탄탄하지 않고 물렁거리는 느낌이 들었다. 시간이 지나 경험이 쌓이고 나서 보니 날대의 간격이 넓고 날대의 방향이 바르지 않다는 문제점을 발견하게 되었다. 그리고 그 부분을 수정하니 꽤 괜찮은 작품들이 나오기 시작했다.

독자분들은 나와 같은 시행착오를 조금이라도 줄였으면 하는 마음에 라탄을 엮을 때 자주 발생하는 실수와 보완 방법, 더 나아가 작품을 한 단계 업그레이드시키기 위한 몇 가지 응용 방법을 4장에 담았다. 알고 나면 그리 어렵지 않을 기법이지만 작품의 완성도를 높이는 데 도움이 될 것이다.

빈틈없이 탄탄하게 엮는 필수 기법

라탄으로 바구니를 비롯한 소품들을 만들 때, 열심히 엮었는데도 이상하게 결과물이 엉성하거나 빈틈이 보여 만족스럽지 않을 때가 있다. 무엇이 문제일까? 대부분 라탄 날대의 간격이나 날대 개수를 잘못 계산한 것이 원인이다. 혹은 날대의 성질을 잘 활용하지 못했기 때문이다.

바구니가 엉성하다면 날대 간격 체크

라탄을 엮을 때 건물의 기둥의 역할을 하는 것이 바로 '날대'이다. 작품의 전체적인 모양을 잡아주고, 날대 간격에 따라 작품의 견고함도 달라진다. 라탄 초보자들이 작품을 엮었을 때, 바구니가 탄탄하지 않고 엉성하게 느껴지는 경우는 대부분 라탄 날대의 간격이 넓은 경우이다. 특히 퍼지는 바구니를 만들 경우, 다 완성된 후의 윗지름을 기준으로 날대 개수를 계산해야 한다. 만약 밑지름을 기준으로 날대 수를 정했다면 위로 올라갈수록 날대 간격이 너무 넓어져 탄탄한 바구니를 엮을 수 없다. 날대 간격은 최대 2cm를 넘지 않게 하는 것이 좋다.

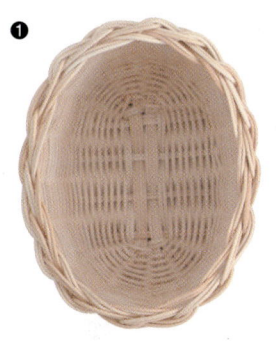 

❶ 날대 수가 적어 날대 간격이 넓은 바구니
❷ 날대 개수가 적당하고 날대 간격이 촘촘해 탄탄한 바구니

사진의 두 작품은 같은 크기로 엮었지만 날대의 개수에 차이가 있다. 왼쪽의 작품은 날대의 수가 부족하게 엮었고 오른쪽 작품은 적당한 날대의 개수로 엮었다. 같은 크기, 같은 기법으로 엮은 두 개의 작품이지만 전체적으로 전혀 다른 느낌의 바구니처럼 보인다.

왼쪽의 바구니는 마무르기도 엉성하고 전체적인 엮임도 헐렁해 보이지만, 오른쪽의 바구니는 촘촘하고 탄탄해 보인다. 특히 마무르기 부분에서 차이가 많이 나게 되는데, 날대의 간격이 넓으면 마무르기의 모양이 제대로 드러나지 않고 엮임이 쉽게 풀리게 된다. 바구니가 원하는 각도로 엮어지지 않고 완성도가 떨어지는 느낌이 든다면 날대 수를 체크해보자.

틈 없이 촘촘하게 엮으려면 말랑말랑한 환심을 첫 사릿대로

위 사진처럼 바닥짜기를 할 때 틈이 보이는 경우가 있을 것이다. 이런 틈이 없이 촘촘해야 잘 엮었다고 할 수 있는데, 이 틈을 결정하는 요소 중

하나가 '사릿대의 단단한 정도'이다. 250g의 환심을 소분하다 보면 유난히 단단하거나 말랑말랑한 환심을 구분할 수 있다. 이때 유난히 말랑말랑한 사릿대를 따로 빼 두는 것이 좋다.

따로 빼둔 말랑말랑한 환심은 라탄을 엮을 때 첫 사릿대로 사용하는 것이 좋다. 단단한 사릿대는 손의 힘이 많이 들어가고 내가 원하는 대로 움직여주지 않기 때문에 날대 간격이 좁은 상태에서 촘촘하게 엮기 힘들다. 또한 말랑말랑한 사릿대는 환심의 탄성이 상대적으로 덜 하기 때문에 유연하게 움직이고 엮었을 때 곡선의 폭이 낮다.

반면 단단한 사릿대는 탄성이 있고 유연하지 않기 때문에 엮었을 때 곡선의 폭이 크다. 이렇게 곡선의 폭이 크게 엮이면 날대에 가해지는 힘이 세져서 원하는 모양으로 엮기가 힘들고 특히 바닥의 경우 평평하지 않고 흔들리는 바닥으로 완성되는 경우가 많다.

왼쪽은 말랑한 사릿대로, 오른쪽은 단단한 사릿대로 엮은 것이다. 곡선의 폭이 현격하게 차이가 난다.

말랑한 사릿대를 첫 사릿대로 골라 엮기 시작했는데도 틈이 보인다면, 대부분의 사람들은 사릿대를 진행 방향으로 당기곤 한다. 하지만 라탄은 실이 아니기 때문에 진행 방향대로 당긴다고 해서 틈이 메워지지는 않는다. 그럼 어떻게 틈을 좁혀야 할까. 양손 검지를 이용하여 라탄의 중심 부분으로 밀어 넣어야 한다. 단순하고 쉬운 방법이지만 틈이 많이 생기게 엮는 사람들이 놓치는 포인트이다.

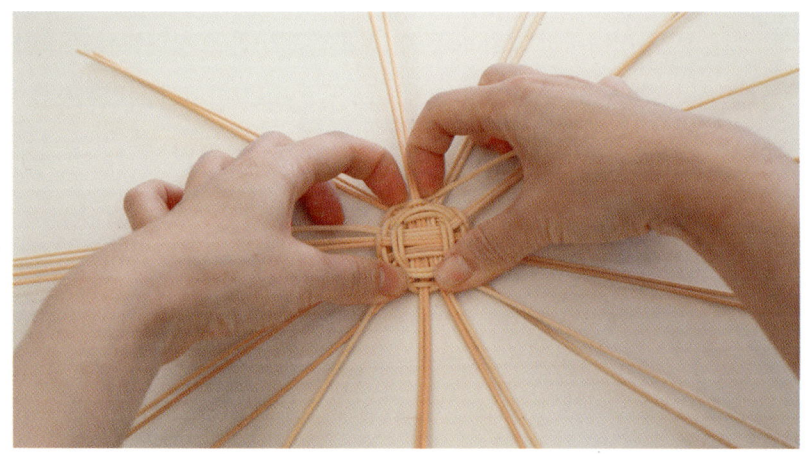

간단한 방법으로 바닥의 틈이 많이 없어졌다.

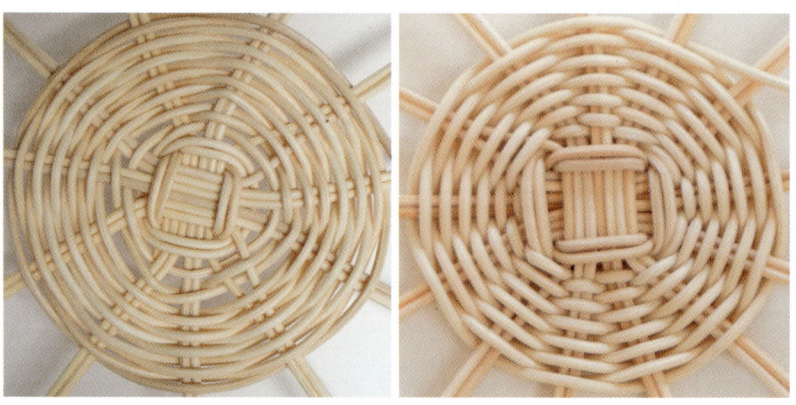

엉성한 바닥(왼쪽)과 촘촘한 바닥(오른쪽)

날대가 부러졌을 경우, 새 날대로 교체하기

라탄을 엮다 보면 날대가 부러지기도 한다. 가끔은 날대 길이 계산을 잘못하여 생각했던 것보다 날대가 짧게 재단되어 마무르기를 하기에는 길이가 짧을 때도 있다. 이처럼 날대가 말썽일 때 포기하고 다시 새로 만드는 경우가 많다. 하지만 사릿대가 부러지거나 다 사용한 경우 새로운 사릿대를 연결하듯이 날대도 새로운 날대로 교체할 수 있다.

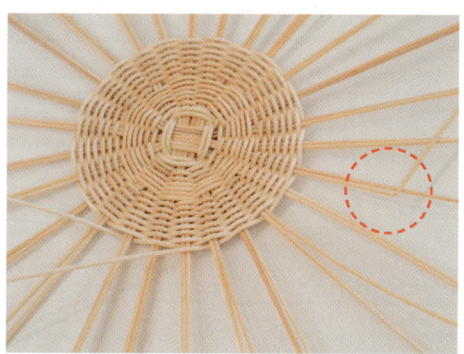

1. 부러진 날대를 확인한다.

2. 부러진 날대를 수직으로 잘라낸다.

3. 자른 날대를 제거한다.

4. 새로운 날대를 수직으로 자른다.

5. 새로 준비한 날대를 부러진 날대가 있던 자리에 꽂아 밀어 넣는다.

6. 부러진 날대가 감쪽같이 교체되었다.

> **tip**
>
> **날대 두 줄이 다 부러졌다면?**
>
> 날대는 2줄을 한 조로 하는 것이 일반적이다. 만약 날대 두 줄이 다 부러졌거나, 짧아서 날대를 교체해야 한다면 한 개를 먼저 교체한 뒤 나머지 한 개는 4~5바퀴를 더 엮은 후 교체하는 것이 좋다. 한 번에 한 조를 다 교체하면 날대가 연결되지 않기 때문에 마치 칼로 자른 것처럼 절단면이 생기게 된다.

작품의 완성도를 높이는 마무르기 꿀팁

아마추어와 프로의 차이는 마무리에서 난다고 해도 과언이 아니다. 아무리 열심히 작품을 만들었어도 마무리가 엉성하면 완성도가 떨어진다. 과정도 중요하지만 맨 마지막 마무리를 깔끔하게 해주어야 하는데, 의외로 방법은 간단하다.

감아 마무르기 후 틈 없이 밀착시키는 팁

감아 마무르기 후 마무르기 부분이 바구니와 밀착되지 않고 틈이 많이 보이는 경우가 있다. 마무르기 부분이 바구니의 몸통 부분과 밀착되어야 헐거워 보이지 않고 퀄리티 있는 바구니를 완성할 수 있다.

1. 감아 마무르기 한 바구니. 마무리한 부분이 헐거워 보기에 좋지 않다.

2. 엄지손가락을
바구니 윗부분에 댄다.

3. 마무르기 진행
방향대로 눌러준다.

4. 감아 마무르기 완성.
간단한 수고로 마무리가
깔끔하게 변신했다.

마무르기 후 안쪽 날대 정리하기

보통 바구니를 만들 때 두 번 엮어 마무르기, 세 번 엮어 마무르기, 감아 마무르기를 한 후 바구니 안쪽에서 한 번 엮어 마무르기를 하여 완성하는 것이 일반적이다. 바구니 안쪽에서 엮어 마무르기를 할 때 작은 디테일로 바구니의 전체적인 퀄리티를 높일 수 있는 방법이 있다.

1. 바구니 안쪽에서 엮어 마무르기를 한 후의 모습이다. 안쪽 날대의 방향이 바닥과 수직으로 정리되어 있다.

2. 위에서 보면 마무르기를 한 날대와 날대 사이에 공간이 보이고 전체적으로 불규칙해 보이는 모습을 볼 수 있다.

3. 수직 방향으로 있던 날대를 진행 방향인 왼쪽 아래 대각선 방향으로 밀어 정리해준다.

4. 위에서 보면 틈 부분이 사라지고 전체적으로 균일한 모습으로 정리된 것을 볼 수 있다.

5. 날대를 잘라 정리했을 때에도 날대의 방향이 수직방향일 때(왼쪽)보다 날대의 진행 방향일 때(오른쪽)의 모습이 더 깔끔하게 보인다. 날대를 자른 단면도 덜 보이기 때문에 깔끔한 바구니의 인상을 준다.

> **tip**
>
> **좀 더 통통한 무늬로 마무리하기**
>
> 마무르기 후 안쪽에서 한 번 건너 엮어 마무르기로 끝내는 경우가 일반적이다. 하지만 날대를 한 번 건너 마무리하지 않고 날대 두 개를 건너 엮어 마무르기 하면 조금 더 통통한 무늬로 마무리할 수 있다. 날대를 두 번 건너 마무르기 하면 날대 간격이 더 일정해 보이는 느낌이 들어서 조금 더 자연스럽다. 조금 더 나아가 감아 마무르기처럼 가이드 선을 넣어 두 번 건너 엮어 마무르기 하면 마치 감아 마무르기를 두 번 한 것 같은 느낌을 줄 수 있다.

사각 바닥 곧게 짜기

사각 바구니를 만들 때, 사각 바닥이 곧게 짜여지지 않고 사다리꼴 형태로 완성된 경험을 해 본 적이 있을 것이다. 바닥이 사다리꼴 형태로 짜여지면 바구니의 몸통도 예쁜 사각형으로 나오지 않는다. 사각 바닥을 곧게 짜기 위한 간단한 팁이 있다.

1. 되돌아 엮기를 할 때 접힐 부분을 미리 확인한 후 손톱으로 눌러 자국을 내준다.

2. 접히는 부분이 일정한지 확인한 후 되돌아 엮기 한다.

3. 1~2의 과정을 두세 번 반복한 후 날대의 방향이 휘어있지 않은지 체크해본다. 만약 날대의 방향이 사다리꼴 형태로 휘어져있다면 직사각형 형태로 날대의 방향을 정리해준다.

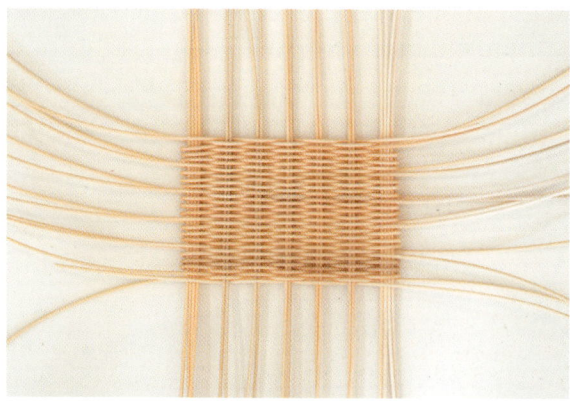

4. 원하는 형태의 사각 바닥을 완성할 수 있다.

바구니 몸통 곧게 올리기

직각으로 올라가는 바구니를 엮다 보면, 예상과 달리 전체적으로 퍼지는 모양의 바구니가 되거나 안으로 좁아지는 형태의 바구니가 될 때가 있다. 곧게 올리려고 해도 마음처럼 되지 않아 다시 풀어버리거나, 원하는 형태가 아닌 상태로 완성하게 된다. 직각으로 곧게 올리려면 한 가지만 신경 쓰면 된다. 사진에는 사각형을 예시로 했지만 원형, 타원형 바구니에도 적용되는 방법이다.

1. 날대를 직각으로 세운 뒤 바구니의 몸통 부분을 1cm 정도 엮는다. 날대의 방향이 제멋대로 향하고 있는 모습을 볼 수 있다.

2. 양 손으로 날대의 방향을 직각으로 맞춰 준다.

3. 날대의 방향이 그림처럼 안쪽으로 기울어질 경우 좁아지는 형태의 바구니가 된다.

4. 몸통부분을 2~3바퀴 정도 엮은 후 날대의 방향을 정리하는 과정을 반복하여 엮는다.

5. 직각으로 곧게 올라가는 바구니를 완성할 수 있다.

두 줄 아래로 꼬아엮기로 안쪽으로 절단면 넣기

X무늬를 넣거나 울타리 무늬를 넣은 뒤 두 줄 꼬아 엮기로 마무리를 하면 바구니 바깥쪽에 절단면이 생기게 된다. 이렇게 바깥쪽에 절단면이 생기면 실생활에서 사용하는 데 작은 불편함이 생기기도 하고 보기에도 좋지 않다. 바구니 안쪽으로 절단면이 생기고, 무늬도 넣을 수 있는 방법을 소개한다.

1. 사릿대 두 줄을 준비한다.

2. 두 줄을 꼬아 엮을 때, 위로 꼬는 것이 아니라 사릿대 아래로 내려가 꼬이도록 한다.

3. 아래로 꼬아 엮인 모습. 같은 방법으로 한 바퀴 엮는다.

4. 마무리를 할 때는 처음으로 꼬아 엮인 사릿대를 찾아 송곳으로 그 아래 공간을 열어준다.

5. 사릿대를 그 공간으로 넣어 바구니 안쪽에서 뺀다.

6. 바구니 안쪽에서 잘라 마무리한다.

7. 두 줄 아래로 꼬아 엮기를 해 깔끔하게 완성되었다.

> **tip**
>
> **얼개무늬를 한 줄 엮고 날대 간격 조정하기**
>
> 수레바퀴 무늬, X무늬, 울타리 무늬 등 중간 공간을 띄워 엮는 얼개무늬를 만들려면 두 줄 꼬아엮기나 두 줄 아래로 꼬아엮기가 필수적이다. 이렇게 얼개무늬를 한 줄 엮고 나면 날대 간격이 흐트러지는 경우가 많다. 이때 날대 간격이 넓어졌다면 날대들을 왼쪽 방향으로 밀어주면서 간격을 수정할 수 있다. 반대로 날대 간격이 좁아졌다면 날대들을 오른쪽 방향으로 밀어 간격을 넓혀준다.

실용성과 멋을 살리는 뚜껑 만드는 방법 3가지

라탄으로 만든 바구니를 좀 더 실용적으로 사용할 수 있는 방법 중 하나는 뚜껑을 만들어주는 것이다. 뚜껑은 바구니의 내용물을 보이지 않게 해 주기 때문에 부담 없이 물건을 수납할 수 있도록 해준다. 또한 바구니에 뚜껑을 만들면 세트처럼 보이는 효과가 있다.

라탄으로 뚜껑을 만드는 방법은 여러 가지가 있지만 이 책에서는 덮개형, 바구니형, 굽이 있는 뚜껑을 만드는 방법을 소개한다. 이 세 가지 방법은 기본 기법을 응용하는 것만으로도 충분히 만들 수 있다.

뚜껑 만들기 ❶ 덮개형

덮개형 뚜껑은 냄비 뚜껑처럼 바구니 윗부분을 덮는 형태이다. 덮개형 뚜껑은 채반 형태로 바닥만 엮으면 되기 때문에 비교적 간단하게 만들 수 있다는 장점이 있다. 우드볼이나 가죽 등을 활용하여 손잡이를 만들어 주면 더 실용적으로 활용할 수 있어 좋다.

   손잡이의 모양, 마무르기 기법에 따라 전체적인 느낌이 많이 달라지기 때문에 이 부분을 잘 활용한다면 나만의 개성이 담긴 작품을 다양하게 만들 수 있다. 덮개형 뚜껑은 평평하게 엮어야 완성도 있는 작품이 되기 때문에 모양이 들뜨거나 움푹 파인 볼의 형태로 되지 않게 신경 쓰며 엮어야 한다. 이 책에서는 사각 바구니를 기준으로 설명하지만 원형, 타원형 바구니도 동일한 방법으로 응용할 수 있다.

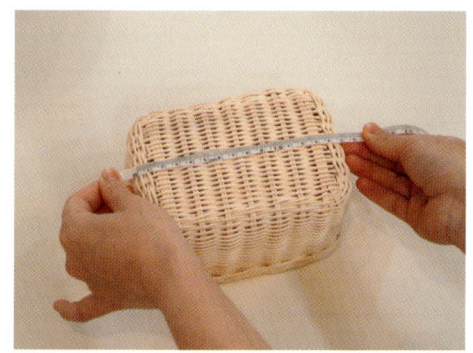

1. 뚜껑을 만들 바구니를 완성한 후 바닥 크기를 측정한다.

2. 1의 바구니와 같은 크기로 바닥짜기를 시작한다.

3. 바구니와 같은 크기로 바닥을 완성한다

4. 원하는 마무르기 방법으로 마무리한다. 원하는 모양의 손잡이를 달아준다(132쪽 '손잡이 달기' 참고).

5. 바구니 뚜껑이 완성되었다.

뚜껑 만들기 ❷ 바구니형

바구니형 뚜껑은 동일한 모양이지만 높이가 낮은 바구니를 한 개 더 만들어 뚜껑으로 활용하는 것이다. 바구니와 뚜껑을 연결하는 방법은 여러 가지가 있는데 실을 이용하여 두 개의 바구니를 묶어 주는 방법이 가장 보편적이다. 이 방법 외에 안감과 지퍼를 달아 줄 수도 있고, 가구용 경첩이나 사시꼬미 등으로 연결할 수도 있다.

   바구니형은 뚜껑과 몸통을 연결하기 때문에 뚜껑을 분실할 일이 없고 내용물이 완전히 가려지기 때문에 잡동사니들을 수납하기에도 좋다. 바구니형 뚜껑에 잠금 장치와 스트랩을 연결하고 안감을 넣어주면 가방으로도 활용할 수 있다. 핵심 포인트는 몸통 바구니와 사이즈를 잘 맞추는 것인데, 바닥짜기를 할 때 사이즈를 잘 맞추면 몸통부분은 자연스럽게 맞아 떨어지게 된다. 만약 사이즈를 맞추는 것이 어렵다면, 뚜껑 바닥을 조금 작게 완성한 뒤, 점점 넓혀가면서 몸통 바구니와 사이즈가 맞을 때 뚜껑을 완성하는 방법으로 연습해보는 것을 추천한다.

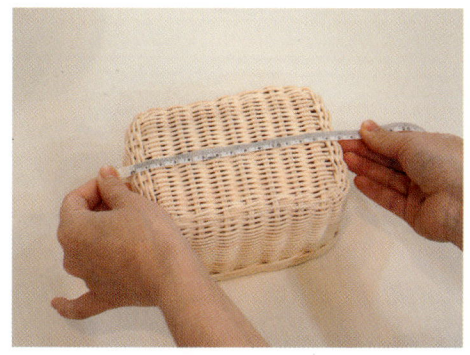

1. 뚜껑을 만들 바구니를 완성한 후 바닥 크기를 측정한다.

2. 1의 바구니와 같은 크기로 바닥짜기를 시작한다.

3. 바구니와 같은 크기로 바닥을 완성한다.

4. 원하는 높이의 뚜껑이 될 때까지 엮어 올린다.

5. 원하는 기법으로 마무리한다.

6. 몸통에 뚜껑을 얹어 전체적인 모양을 확인한다.

7. 원하는 색의 실과 바늘을 준비한다. 바늘에 실을 꿰어준다. 매듭은 짓지 않아도 된다.

8. 몸통과 연결하고자 하는 뚜껑 부분에 바늘을 넣는다. 바늘은 라탄을 뚫는 것이 아니라 틈 사이로 넣어준다.

9. 실의 끝 부분(매듭지어야 하는 부분)을 집게 등으로 집어 고정한다.

10. 바구니도 뚜껑과 동일한 지점에 바늘을 넣어준다.

11. 바구니 몸통과 뚜껑이 잘 맞물리도록 위치를 잡아준다.

12. 바구니 몸통과 뚜껑이 연결되도록 바늘을 통과시킨다

13. 이 과정을 7~8번 반복하여 탄탄하게 묶이도록 한다.

14. 맨 처음 집게로 고정했던 실의 처음 부분을 확인한다. 집게를 제거한 후 양 끝의 실을 잡는다.

15. 양 끝의 실을 두세 번 매듭지어 튼튼하게 고정되도록 한다.

16. 실을 잘라 정리한다.

17. 반대편도 같은 방법을 연결해준다.

18. 바구니를 응용한 뚜껑이 완성되었다.

뚜껑 만들기 ❸ 굽이 있는 뚜껑

굽이 있는 뚜껑은 덮개형 뚜껑을 응용한 것이다. 뚜껑 안쪽에 굽을 만들어 뚜껑이 바구니 입구에 걸려 움직이지 않도록 잡아줄 수 있다. 덮개형 뚜껑은 바구니와 완전히 분리되어 잘 고정되지 않는데 굽이 있는 뚜껑은 이러한 단점을 보완해준다. 또한 바구니형 뚜껑처럼 두 바구니를 실로 엮어 묶는 등의 부가적인 작업을 하지 않아도 뚜껑이 잘 고정되기 때문에 편리하다.

    뚜껑의 굽은 원하는 높이로 완성할 수 있기 때문에 용도에 맞는 뚜껑을 만들 수 있다. 손잡이의 모양, 굽의 높이, 마무르기 기법 등에 따라 전혀 다른 매력의 뚜껑이 완성되기 때문에 여러 가지 뚜껑을 만들어 취향에 따라 다르게 사용할 수 있다. 굽이 있는 뚜껑을 뒤집어서 바구니의 용도로 활용할 수 있다. (198쪽 '뚜껑을 응용한 동물 수납함' 참고)

1. 덮개형으로 만든 뚜껑을 준비한다. 가장자리로부터 1cm 정도 떨어진 부분에 송곳을 넣어 공간을 만든다.

2. 끝을 사선으로 자른 마른 덧날대를 준비하여 송곳으로 만들어둔 공간에 꽂아준다.

3. 전체 날대에 덧날대를 모두 추가한다.

4. 덧날대에 물을 충분히 뿌려준 뒤, 직각으로 꺾는다.

5. 모든 날대를 다 꺾어 날대의 방향이 위쪽을 향하도록 해준다.

6. 사릿대를 준비하여 반으로 접은 뒤, 사릿대의 접힌 부분이 날대에 걸쳐지도록 한다.

7. 원하는 굽의 높이까지 두 줄 꼬아엮기로 엮는다.

8. 엮어 마무르기 (하-상-하) 기법으로 마무리 한다.

9. 덮개형 뚜껑에 굽이 추가되었다.

> **tip**
>
> **뚜껑 굽을 응용해 케이크 스탠드 만들기**
>
> 뚜껑 굽을 응용하여 케이크 스탠드를 만들 수 있다. 지름 20~25cm의 원형 채반을 만든 뒤, 117쪽에 소개한 굽만들기 순서대로 하면 된다. 그 다음 막엮기나 두 줄 따라엮기로 케이크 스탠드의 받침 부분을 만든다. 허리가 잘록한 형태의 받침대를 만들어도 되고, 수직으로 떨어지는 받침대로 만들어도 좋다. 개인의 취향에 맞는 케이크 스탠드 받침대를 만든 후 99쪽의 감아 마무르기로 마무리한다.

포인트에 개성을 더해주는 세 줄 꼬아엮기 활용 기법

라탄 공예를 시작하면, 첫 번째 고비가 찾아온다. 바로 세 줄 꼬아엮기이다. 세 줄 꼬아엮기는 다른 기법들과 다르게 한 바퀴를 끝낼 때마다 마무리를 지어야 하기 때문에 처음 배울 때에는 어려움을 느낀다. 물론 익숙해지고 나면 전혀 어렵지 않다. 세 줄 꼬아엮기는 활용도가 높은 기법이다. 작품의 완성도를 높여주는 것은 말할 것도 없고, 포인트를 주어 개성을 더하는 데도 세 줄 꼬아엮기가 큰 역할을 한다.

세 줄 꼬아엮기의 활용 ❶ 바닥 굽 만들기

세 줄 꼬아엮기는 기법의 이름처럼 환심 세 줄을 꼬아가며 엮는다. 그렇다 보니 막엮기 기법보다 도톰하게 엮이게 되는데, 이 도톰함을 굽으로 활용할 수 있다. 특히 라탄 가방이나 탄탄하게 받쳐주는 바구니를 만들고 싶을 때 바닥에 세 줄 꼬아엮기를 한 번 해주면 흔들리지 않는 바구니를 만들 수 있다.

1. 바구니 바닥 중 원하는 굽의 위치를 정한다. 원하는 크기만큼 바닥짜기를 한다.

2. 사릿대를 추가하여 세 줄을 만든다.

3. 세 줄 꼬아엮기로 한 바퀴 엮어준 뒤 바구니를 완성한다.

4. 바닥에 세 줄 꼬아 엮기 부분이 얕은 굽의 역할을 하는 것을 볼 수 있다.

> **tip**
>
> **네 줄 꼬아엮기와 다섯 줄 꼬아엮기로 더 도톰한 바닥 굽 만들기**
>
> 세 줄 꼬아엮기가 익숙하다면 네 줄 꼬아엮기, 다섯 줄 꼬아엮기로 바닥 굽을 만들어보자. 줄이 한 줄 추가될 뿐 세 줄 꼬아엮기와 방법은 동일하다. 세 줄 꼬아엮기보다는 네 줄, 다섯줄로 꼬아 엮는 것이 더 도톰한 굽을 만들 수 있다. 특히 가방 바닥에 도톰한 굽을 만들어 주면 가방을 받쳐주는 효과 뿐 아니라 가방 바닥 전체가 더러워지지 않고 바닥에 직접 닿는 굽 부분만 더러워지기 때문에 활용하기 좋다.

세 줄 꼬아엮기 활용 ❷ 두 줄씩 나누어 엮기

라탄을 엮다 보면 덧날대를 추가하여 날대의 개수를 늘려야 할 때가 있다. 이때 4개 1조로 된 날대를 2개 1조로 나누어 엮어야 하는데 막엮기나 두 줄 따라 엮기로 나눠 엮을 경우 겹치는 모양이 생길 수 있다.

원형으로 표시된 부분을 보면 환심이 겹친 것을 볼 수 있다.

또한 막엮기나 두 줄 따라엮기로 나누어 엮을 경우, 가해지는 힘이 적어 날대 간격이 한 번에 맞춰지지 않는다. 이럴 때 세 줄 꼬아엮기로 나누어 엮게 되면 바닥에 포인트 무늬가 생기고 날대 간격도 일정하게 맞춰지게 된다. 120쪽에서 소개한 것처럼 세 줄 꼬아엮기를 하면 바닥에 얕은 굽이 만들어지는데, 두 줄씩 나누어 엮음과 동시에 굽도 만들어지기 때문에 복잡한 과정을 단순화할 수 있다.

1. 날대의 간격이 2cm가 넘어가면 덧날대를 준비한다. 이때 덧날대는 마른 환심으로 준비한다.

2. 날대 양쪽에 덧날대를 추가하여 4개 1조로 만든다.

3. 4개의 날대를 2줄로 나누고 사이 틈을 확인한다.

4. 사이 틈에 새로운 사릿대를 넣어준다.

5. 4의 오른쪽 칸에도 새로운 사릿대를 넣어 총 3줄을 만든다.

6. 세 줄 꼬아 엮기로 한 바퀴 엮는다.

7. 세 줄 꼬아엮기로 2줄씩 나눠 엮음으로써 포인트 무늬와 굽이 만들어졌다.

세 줄 꼬아엮기의 활용 ❸ 직각으로 올리기

바구니의 형태는 다양하다. 바닥에서 몸통으로 이어지는 부분이 둥근 곡선으로 이어지는지, 직각으로 딱 떨어지는지에 따라 전혀 다른 매력의 바구니가 된다. 바닥과 몸통을 직각으로 올릴 때 세 줄 꼬아엮기를 활용하면 좋다. 막엮기나 두 줄 따라엮기의 경우 한 바퀴만에 모든 날대를 직각으로 세울 수가 없다. 적어도 두 바퀴 이상은 엮어야 모든 날대의 방향이 위를 향하게 된다. 하지만 세 줄 꼬아엮기의 경우, 모든 날대에 세 줄의 환심이 엮이기 때문에 한 바퀴만 엮어도 직각으로 올리는 것이 가능하다.

세 줄 꼬아엮기의 경우 다른 기법과는 다르게 한 바퀴마다 마무리를 해야 한다. 마무리를 하는 구간은 다른 곳보다 상대적으로 힘을 덜 받게 된다. 그래서 다른 부분에 비해 각도가 덜 올라가거나 날대의 방향이 바깥쪽을 향하는 경우가 많다. 직각으로 올릴 때 이 부분을 신경 써서 모든 부분이 같은 각도로 올라가도록 하는 것이 포인트이다.

두 줄 따라엮기로 두 바퀴 엮었을 때의 모습

세 줄 꼬아엮기로 한 바퀴 엮었을 때의 모습

세 줄 꼬아엮기와 세 번 엮어 마무르기로 심플하게 완성하기

뚜껑이 있는 바구니의 몸통을 만들거나, 가방을 만드는 경우 마무르기 부분이 오히려 방해가 되는 경우가 있다. 마무르기 부분이 겉도는 느낌 없이 바구니의 무늬처럼 마무리되었으면 할 때 사용하면 좋은 방법이다. 세 줄 꼬아엮기와 세 번 엮어 마무르기를 하면 마치 바구니를 칼로 자른 것처럼 깔끔하게 마무리가 된다.

1. 마무르기를 하기 전 세 줄 꼬아엮기를 2~3바퀴 엮는다.

2. 2개 1조로 이루어진 날대 중 오른쪽 날대를 모두 잘라 1개 1조로 만든다.

3. 오른쪽 날대를 모두 자르면 왼쪽 날대만 하나씩 남는다.

4. 날대를 잡아 바로 오른쪽 날대의 뒤를 지나 그 옆 칸으로 뺀다.

5. 다음 날대도 동일한 방법으로 빼준다.

6. 마지막 한 개의 날대가 남을 때까지 반복한다.

7. 마지막 날대는 제일 처음 엮었던 공간으로 빼준다.

8. 날대를 오른쪽으로 두 칸 옆의 공간으로 넣어준다.

9. 그 다음 날대도 두 칸 옆의 공간으로 넣어준다. 동일한 방법으로 모든 날대를 반복한다.

10. 날대가 2개 남았을 때, 맨 처음 엮었던 날대의 사이 공간으로 들어간다.

11. 마지막 날대도 마찬가지로 사이 공간으로 들어간다.

12. 안쪽에서 한 번 엮어 마무르기 후 완성한다

13. 바구니 몸통의 세 줄 꼬아엮기와 이어지는 듯한 마무리의 바구니가 완성되었다.

tip

세 줄 꼬아엮기 무늬와 이어지는 마무리 깔끔하게 하는 방법

세 줄 꼬아엮기 무늬와 이어지는 마무리는 오른쪽 날대를 잘라 한 개의 날대로만 하는 것이 포인트이다. 이 때 날대를 자른 단면이 정면에서 바라봤을 때 보이지 않도록 짧게 잘라야 한다. 날대를 자른 단면이 보이면 마무리를 했을 때 바구니의 몸통과 마무르기 부분에 들뜸이 생기기 때문에 엉성한 느낌이 들 수 있다.

손잡이로 포인트 주기

라탄 공예를 연습하다 보면 바구니가 많이 만들어진다. 집 한 켠에 쌓인 바구니들을 재탄생시키는 방법은 손잡이를 달아주는 것이다. 손잡이 하나로 밋밋한 바구니에 포인트를 더해줄 수도 있고, 더 활용도 높은 바구니로 만들어 줄 수도 있다. 손잡이를 만드는 방법도 여러 가지가 있는데, 손잡이의 모양에 따라서도 느낌이 많이 달라진다. 가방의 손잡이로도 활용할 수 있기 때문에 배워두면 좋은 기법이다.

손잡이 만들기 ❶ 우드볼 활용하기

가장 간편하게 손잡이를 만들 수 있는 방법은 우드볼을 활용하는 것이다. 우드볼은 크기도 다양하게 제작되기 때문에 원하는 사이즈의 우드볼을 사용하면 된다. 우드볼로 손잡이를 만들면 손잡이의 용도는 물론 심미적인 효과가 뛰어나서 좋다. 손잡이가 포인트가 되기 때문에 좀 더 귀여운 느낌의 뚜껑을 만들 수 있다.

1. 손잡이의 위치를 대략적으로 정한 후 송곳으로 공간을 만들어준다.

2. 1에서 만들어준 공간에 40cm 정도로 자른 라탄 환심을 넣는다.

3. 환심에 우드볼을 끼운 후 반대편도 동일한 방법으로 공간을 만들어 환심을 빼준다.

4. 우드볼이 잘 고정되도록 안쪽에서 당겨준 후 한 번 매듭을 짓는다.

5. 매듭 끝을 잘라 정리한다.

6. 우드볼을 활용한 손잡이가 완성되었다.

> **tip**
>
> **손잡이 단단하게 고정하기**
>
> 우드볼 외에 라탄볼이나 비즈용 구슬 등도 동일한 방법으로 손잡이를 달 수 있다. 우드볼 손잡이를 달 때는 볼을 잡았을 때 흔들리지 않을 정도로 탄탄하게 고정하는 것이 포인트이다. 느슨하게 손잡이를 달면 우드볼을 고정하고 있는 환심이 부러질 수 있다. 매듭을 짓기 전 최대한 탄탄하게 고정하고 매듭을 지을 때에도 우드볼이 뚜껑에 밀착되게 붙인 상태에서 힘을 주어 고정시키듯이 매듭짓는 것이 좋다.

손잡이 만들기 ❷ 5mm 환심 활용하기

5mm의 환심을 넣은 손잡이는 탄탄하고 힘이 있어서 바구니를 힘 있게 받쳐준다. 우리가 라탄 바구니를 떠올렸을 때 흔히 떠오르는 이미지의 손잡이는 대부분 이 방법으로 만든다.

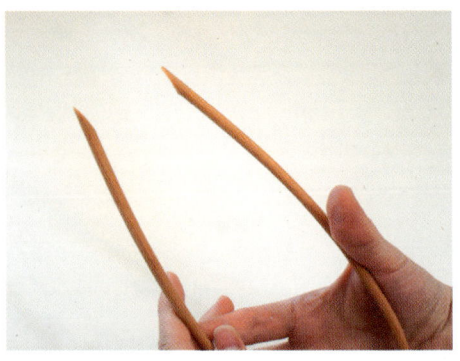

1. 5mm 환심을 손잡이의 길이보다 3cm 정도 길게 자른 뒤 충분히 물에 불려준 다음 환심 끝을 사선으로 자른다.

2. 손잡이를 만들 대략적인 위치를 정한 뒤 송곳을 넣어 공간을 만든다.

3. 송곳으로 만든 공간에 5mm 환심을 넣어준다. 1.5cm 정도 들어가도록 넣어준다.

4. 반대편도 같은 방법으로 넣어준다.

5. 5mm 환심의 왼쪽 부분에 송곳을 넣어 공간을 만든다.

6. 긴 사릿대를 준비하여 그 끝을 5에서 만들어둔 공간에 넣어준다.

7. 바구니 바깥 방향에 나와 있는 사릿대를 위로 올려 5mm 환심의 오른쪽 방향으로 감아준다.

8. 환심을 감아 반대편에 도착했을 때, 마찬가지로 왼쪽 부분에 송곳으로 공간을 열어준다.

9. 8에서 만든 공간에 사릿대를 넣어 바구니 안쪽에서 뺀다.

10. 7과 동일하게 사릿대를 위로 올려 오른쪽 위 대각선 방향으로 감아 올려준다.

11. 반대편에 도착했을 때 이전 사릿대와 5mm 환심 틈에 공간을 만들어 그 틈으로 넣어준다.

12. 바구니 안쪽으로 나온 사릿대를 위로 올려 5mm 환심을 감싸듯 엮어 올린다.

13. 5mm 환심이 다 감싸질 정도가 되었을 때 마무리한다.

14. 바구니 안쪽에서 환심 방향으로 사릿대를 올린 뒤 직각으로 꺾어 접는다.

15. 사릿대 아랫부분을 잘 고정한다.

16. 직각으로 접은 부분이 덮이도록 감는다. 이때 위에서 아래 방향으로 감는다.

17. 바구니 몸통 부분에 닿을 때까지 힘있게 감아준다.

18. 송곳으로 손잡이와 바구니 사이의 공간을 만들어준다.

19. 그 사이로 남은 사릿대를 통과시킨다.

20. 손잡이가 시작되는 부분의 가장자리에 송곳으로 공간을 만든다. 사릿대를 그 공간으로 넣어 바구니 바깥으로 뺀다.

21. 반대편도 송곳으로 공간을 열어준다.

22. 남은 사릿대를 통과시켜 바구니 안쪽으로 넣는다.

23. 손잡이가 완성되었다.

> **tip**
>
> **2mm 환심 5mm 환심처럼 사용하기**
>
> 5mm 환심을 전체 다 감지 않고 절반만 감으면 색다른 느낌의 손잡이를 만들 수 있다. 만약 5mm 환심이 없다면 2mm 환심을 여러 개 묶어 5mm 환심처럼 만들어 사용할 수 있다. 2mm 환심 여러 줄을 손잡이 길이로 자른 뒤 마스킹 테이프나 종이테이프 등으로 붙여 만들 수 있다.

되돌아 엮기로 개성 더하기

되돌아 엮기는 사각 바닥짜기에서 많이 활용한다. 되돌아 엮기를 잘 응용하면 기존 바구니를 좀 더 개성있는 소품으로 만들어줄 만한 아이템들을 만들 수 있다. 이 책에서는 칸막이 만들기, 귀 모양 만들기, 리본 만들기 방법을 소개한다.

되돌아 엮기 활용 ❶ 칸막이 만들기

바구니에 칸막이가 있으면 용도별로 수납하기 좋아 활용도가 더 높아진다. 되돌아 엮기를 활용하여 칸막이를 만들고 바구니에 연결하여 더 실용적인 바구니로 업그레이드 할 수 있다.

1. 바구니의 안쪽 길이를 측정한다.

2. 바구니의 높이를 측정한다.

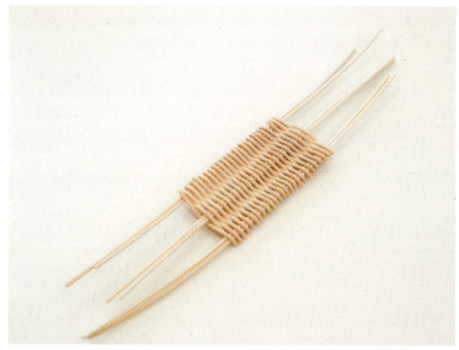

3. 측정한 길이대로 되돌아 엮기하여 칸막이를 만든다. 사각 바닥짜기처럼 하되, 세로 날대를 만들지 않는다.

4. 칸막이의 가운데 날대는 잘라서 제거한다. 양쪽 모두 자른다.

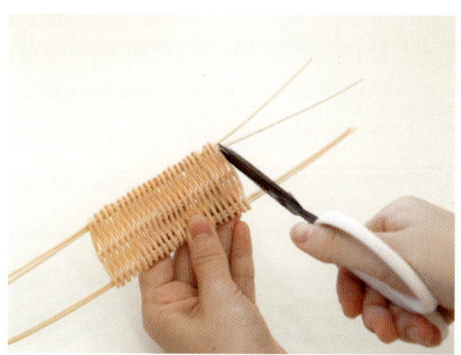

5. 위, 아래 날대는 한 개를 잘라 1개 1조로 만든다.

6. 가운데 날대는 자르고 나머지는 1개 1조로 만든 모습이다.

7. 칸막이의 위치를 대략적으로 잡은 뒤, 송곳으로 공간을 열어 자투리 환심을 넣어준다.

8. 자투리 환심으로 위치를 표시한 후, 바구니 아랫부분과 반대편 부분도 동일한 방법으로 표시해둔다.

9. 칸막이의 위치를 모두 표시한다.

10. 칸막이를 넣은 후, 칸막이의 날대가 미리 표시해둔 곳으로 나오도록 한다.

11. 밖으로 나온 칸막이의 날대의 옆 공간을 송곳으로 넓혀준다.

12. 송곳으로 넓힌 공간에 사릿대를 넣는다.

13. 바구니의 막엮기 무늬와 자연스럽게 연결되어 보이도록 한다. 나머지 세 군데도 같은 방법으로 고정한다.

14. 칸막이 바구니가 완성되었다.

되돌아 엮기 활용 ❷ 동물 귀 만들기

동물 귀를 만드는 방법은 되돌아 엮기를 응용하여 만들 수 있다. 책에서는 곰돌이 귀 모양으로 만드는 방법을 소개하지만, 조금 더 길게 만들면 토끼 귀, 뾰족하게 만들면 고양이 귀 등으로 응용하여 만들 수 있다. 동물 귀 모양으로 사용해도 되고, 냄비 손잡이처럼 바구니나 숟가락 형태의 모양으로도 활용할 수 있다.

1. 40cm 정도로 자른 날대를 준비한다.

2. 날대를 원하는 모양으로 구부려 모양을 잡는다.

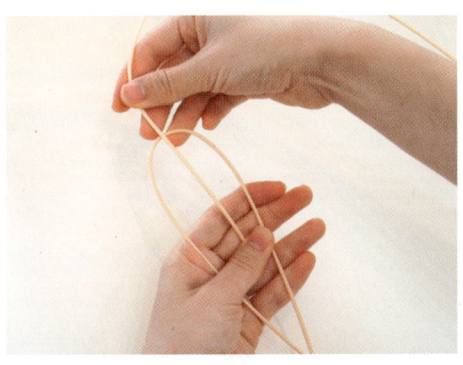

3. 새로운 사릿대를 준비하여 가운데에 위치하게 넣는다. 이때 사릿대의 긴 쪽은 위를, 짧은 쪽은 아래를 향하게 한다. 3개의 기둥이 만들어진다.

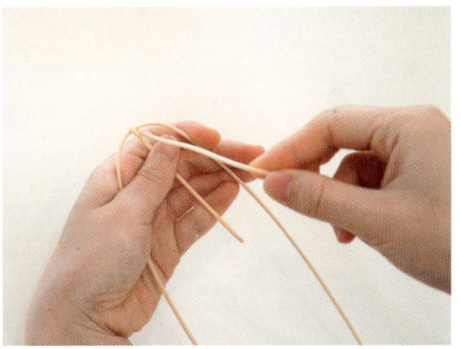

4. 사릿대의 긴 부분을 아래로 내려 가운데 기둥의 오른쪽으로 나오도록 한다.

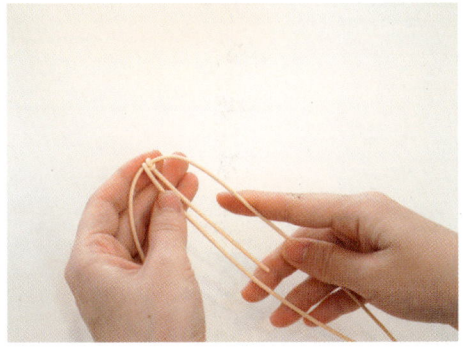

5. 사릿대가 가운데 기둥을 지나 왼쪽 기둥에 얽히도록 한다. 그리고 기둥을 한 바퀴 더 감는다.

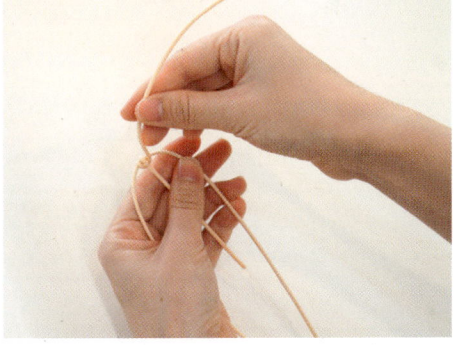

6. 사릿대가 가운데 기둥과 오른쪽 기둥을 통과한 뒤, 다시 오른쪽 기둥을 한 바퀴 더 감아준다.

7. 사릿대가 가운데 기둥을 지나 왼쪽 사릿대를 한 바퀴 감는다.

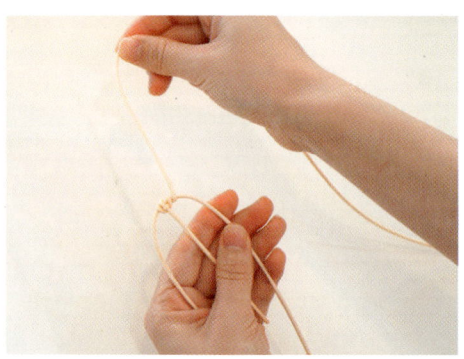

8. 다시 가운데 기둥을 지나 오른쪽 기둥을 한 바퀴 감아준다.

9. 4~8의 과정을 반복한다.

10. 원하는 크기가 될 때까지 반복하여 모양을 잡아준다.

11. 남은 사릿대를 8cm 정도 남겨두고 잘라준다.

12. 남은 사릿대를 위쪽 틈으로 넣어 고정시킨다.

13. 고정시킨 후 남은 사릿대를 잘라 정리한다.

14. 한 개를 더 만들어 곰돌이 귀를 완성한다. 바구니 몸통에 다는 방법은 137쪽 '칸막이 만들기'와 동일하다.

> **tip**
>
> **동물 귀 완성도를 높이기 위한 날대와 사릿대의 선택 기준**
>
> 동물 귀를 만들 때, 완성도를 좌우하는 것 중 하나는 날대와 사릿대의 단단함 정도이다. 사릿대가 단단하고 날대가 유연하면 원하는 모양으로 만들기가 힘들다. 날대가 기둥 역할을 해야 하는데 유연하다면 힘없이 무너지게 되고, 사릿대는 작은 반경으로 기둥을 감아야 하는데 탄성이 없어 감기지 않거나, 부러지기 때문이다. 따라서 날대는 조금 단단한 환심으로, 사릿대는 유연한 환심을 골라 엮는 것이 좋다.

되돌아 엮기 활용 ❸ 리본 만들기

라탄 리본에 머리끈이나 헤어밴드, 고무줄을 연결하여 헤어 액세서리로 만들 수 있다. 뚜껑형 바구니의 잠금단추나 밋밋한 바구니의 포인트가 되기도 한다. 작은 종을 연결하여 도어벨로도 활용할 수 있고, 자개를 연결하여 썬캐처나 모빌로도 활용할 수 있다. 간단한 기법으로 액세서리 소품을 만들어보자.

1. 40cm 정도로 자른 환심을 3개 준비한다. 두 줄을 X 모양으로 잡은 뒤, 가운데에 나머지 환심을 올린다.

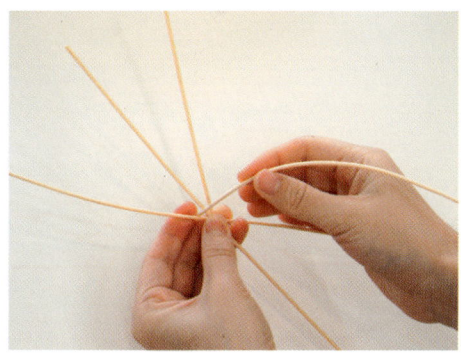

2. 사릿대를 준비하여 왼쪽과 가운데 날대 사이에 넣어준다.

3. 막엮기 하듯 세 날대를 엮은 뒤 오른쪽 날대에서 되돌아 엮는다.

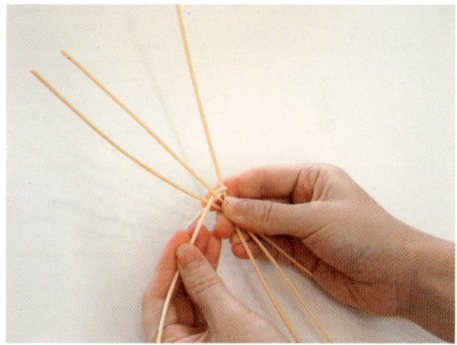

4. 다시 가운데 날대를 지나 오른쪽 날대에서 되돌아 엮기 한다.

5. 3~4의 과정을 반복한다.

6. 원하는 리본의 크기만큼 엮는다.

7. 엮은 삼각형 부분과 대칭이 되도록 날대의 모양을 잡아 준다.

8. 3~4의 과정을 반복하여 대칭되는 모양으로 엮는다.

9. 반대편도 3~8의 과정을 반복한다.

10. 양 쪽 두 개를 동일한 크기로 완성한다.

11. 양 끝을 가운데 방향으로 접은 뒤, 날대를 짧게 잘라 정리한다.

12. 사릿대를 준비하여 접은 뒤 짧은쪽이 위쪽, 긴 쪽이 아래를 향하게 둔다.

13. 긴 사릿대로 오른쪽에서 왼쪽 방향으로 감는다.

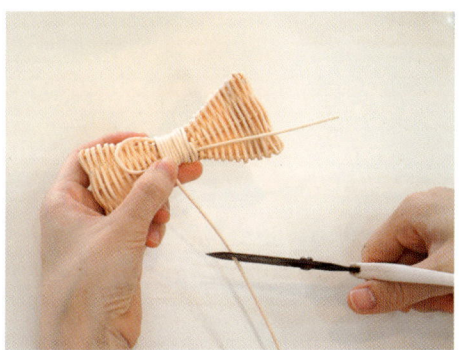

14. 리본의 가운데 부분이 채워지면 사릿대의 긴 부분을 잘라 정리한다.

15. 자른 사릿대를 오른쪽에 남겨두었던 공간 사이로 넣는다.

16. 짧게 남겨둔 사릿대를 리본의 오른쪽 방향으로 당긴다.

17. 탄탄하게 고정되도록 조여준다.

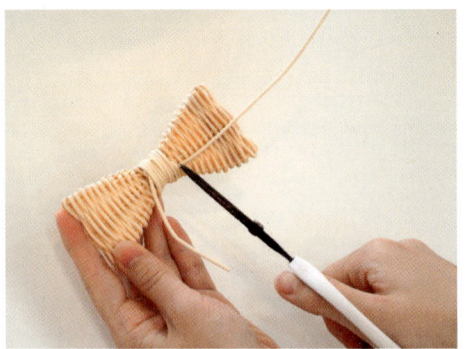

18. 고정 후 남은 사릿대를 잘라 정리한다.

19. 리본이 완성되었다.

tip

더 오래, 더 예쁘게 사용하기 위한 마감 방법

작품의 완성도를 높이려면 마감을 잘해야 한다. 여러 마감 방법 중 비교적 간단하면서도 완성도를 높일 수 있는 방법은 크게 '염색하기'와 '오일이나 바니쉬로 마감하기'가 있다. 이 두 가지 방법만 잘 활용해도 작품의 분위기가 달라지고 완성도가 올라간다.

염색하기

흔히 라탄을 떠올리면 짙은 갈색의 바구니나 가방을 떠올린다. 그래서 뽀얀 상아색의 환심을 보면 당황하는 사람들을 종종 볼 수 있다. 짙은 색의 소품들은 대부분 염색 작업을 거친다. 염색 방법은 세 가지가 있다.

첫번째는 자연 태닝이다. 마치 가죽 가방처럼 시간이 지나면 태닝이 되는데 오일 마감을 한 상태라면 조금 더 짙어진다. 두 번째는 커피나 홍차 등을 사용한 천연 염색이다. 끓는 물에 커피나 홍차를 짙게 우린 후 소금을 한 스푼 넣는다. 그리고 라탄 작품을 넣어 색이 입혀지도록 한다. 원하는 색이 나오면 잠시 두었다가 흐르는 물에 깨끗이 씻어 마무리한다. 마지막으로 염료염색이 있다. 원하는 색으로 골라 염색할 수 있는데 염료를 끓는 물에 풀고 소금을 한 스푼 넣는다. 라탄 소품을 넣어 색을 입힌 후, 흐르는 물에 헹궈주면 된다.

오일이나 바니쉬로 마감하기

라탄 작품을 완성했다면 그냥 두는 것보다는 오일이나 바니쉬 등으로 마감해 주는 것이 좋다. 마감을 하면 코팅이 되어 곰팡이나 벌레 등을 방지해준다. 도마나 원목가구 등에 사용하는 오일을 준비한 뒤, 붓으로 얇게 펴 발라준다. 하루 정도 흡수시킨 뒤 천이나 키친타올 등으로 흡수되지 않은 잔여 오일을 닦아낸다. 그리고 2~3일 정도 충분히 흡수시켜준다. 바니쉬도 동일한 방법으로 얇게 발라주면 된다.

5장

팔리는 상품은 뭐가 달라도 달라야 한다

취미로 작품을 만들 때는 거칠 것이 없다. 그저 만들고 싶은 대로, 어설프면 어설픈 대로 만들면 된다. 하지만 팔 수 있을 만한 작품을 만든다면 얘기는 달라진다. 작품이 상품적 가치를 지니려면 다른 동종 작품에서는 보기 힘든 나만의 그 '무엇'이 있어야 한다. 작품을 만드는 기법도 중요하지만 그 작품만의 차별성을 끌어내 사고 싶게 만드는 것이 더 중요하다. 아주 작은 부분이라도 다른 부분이 있어야 소비자들이 내 작품에 눈길을 준다.

일상의 모든 것에서 아이디어를 얻는다

인터넷에 라탄 소품을 검색하기만 해도 수많은 라탄 제품들이 등장한다. 인테리어 샵이나 소품 샵에 가도 라탄 소품들을 흔하게 볼 수 있다. 이렇게 많은 제품들 속에서 내 제품이 팔리려면 눈에 띄는 무엇인가가 있어야 한다. 사람들이 봤을 때 내 제품을 살 수 밖에 없을 정도로 특이하고 예쁘든지, 다른 사람들은 만들지 못하는 정도의 고퀄리티 제품이든지 구매를 부르는 그 한방이 있어야 한다.

라탄 공예 수업을 들을 때 선생님께서 해주신 말이 있다.

"길을 다니거나 잡지책 같은 걸 보면서 "이걸 라탄으로 만들 수 있을까?"라는 고민을 하면서 사물을 보세요. 그러면 작품 개발이 조금 쉬울 거예요."

마음에 드는 가방이 있으면 라탄으로 어떻게 표현할 수 있을지를 생각하면서 본다거나 신발이나 옷처럼 소재가 전혀 다른 상품들도 라탄으로 엮어 표현해보라는 조언이었다. 그 말은 듣는 순간 뇌리에 꽂혔고, 이후 틈날 때마다 선생님이 일러주신 대로 일상생활에서 아이디어를 얻는 연습을 했다.

밥을 먹다가도 숟가락을 보면 '이거 라탄으로 만들 수 있나? 어떤 기법으로 엮어야 비슷한 모양으로 만들 수 있지? 고민했다. 숟가락 외에 라탄으로 표현할 수 있는 주방 도구들을 찾아보고 어떻게 표현해야 비슷해 보일까를 생각해보고 직접 엮어보았다. 숟가락, 거품기, 주걱을 만들고 나니 프라이팬, 냄비도 만들고 싶어져서 비슷해 보이도록 엮었다.

그렇게 일상의 모든 것에서 소재를 찾고, 어떻게 하면 비슷하게 만들 수 있을까를 고민하면서 하나 둘씩 작품이 쌓이는 것은 물론 실력도 일

취월장했다. 또한 그 동안 좋은 반응을 얻었던 작품들 대부분이 일상에서 아이디어를 얻어 만든 작품들이었다.

작고 앙증맞은 **장난감 주방 도구 세트**

연습 삼아 만들기 시작했던 주방 도구들에 자신감이 붙자 아예 세트로 만들어보고 싶은 마음이 들었다. 프라이팬, 냄비, 거품기, 숟가락 등의 주방 도구들을 세트로 만들어 놓으니 아이들 장난감 사이즈로 적당해보였다. 대형 가구업체의 싱크대 장난감에 올려두면 잘 어울릴 것 같아서 그 장난감을 사용 중인 친구의 도움을 받아 장난감 세트에 올려두고 사진을 촬영했다. 그리고 그 사진을 SNS에 올렸는데 꽤 반응이 좋았고, 판매 문의를 비롯해 대량 공동구매 제안을 받기도 했다.

주방 도구 세트는 아이들 장난감 용도 뿐만 아니라 키즈 모델들의 촬영용 소품, 카페의 전시용 소품 등 구매한 고객의 필요에 따라 사용되었다. 업로드한 SNS의 사진을 보고 조리도구 외에 티팟과 찻잔 등도 제작이 가능하냐는 의뢰를 받았다. 고객이 원하는 스타일을 보내주셨고 그 사진과 비슷한 느낌으로 티팟 세트를 제작하기 위해 그동안 연습했던 경험을 살려 열심히 엮었다.

다행히 주문제작을 요청했던 고객은 아주 만족해하셨고, 마음에 든다며 후기 사진까지 보내주셨다. 평소에 특정 사물을 정해놓고 비슷하게 엮으려고 연습했던 시간들이 헛된 시간이 아니었음을 스스로 증명하는 계기가 되었다.

핵심 개발 포인트

최대한 실물과 비슷하게 제작하여 별도의 설명 없이도 '조리도구' 임을 떠올릴 수 있게 만들어야 한다. 각 조리도구별 특징을 잘 파악해야 하는데 예를 들면 냄비는 양 손으로 잡을 수 있는 짧은 손잡이, 프라이팬은 한 손으로 잡는 긴 손잡이를 특징으로 잡는 것이다. 원형 바구니에 동물 귀를 응용한 손잡이를 두 개 달아 냄비로 완성하고, 길고 굵은 손잡이를 달아 프라이팬으로 응용하면 된다. 이런 식으로 사물의 대표적인 특징을 캐치하여 그 특징만 잘 표현해도 해당 사물을 떠올릴 수 있는 작품을 만들 수 있다.

감성 육아템 **싱크볼**

장난감 주방 도구가 예상보다 좋은 반응을 얻는 것을 보며 '감성 육아템' 수요가 있다는 확신을 얻었다. 그래서 요즘 젊은 엄마들의 육아 트렌드를 확인하기 위해 다양한 키워드로 검색했다. '감성 육아템'을 선호하는 엄마들의 SNS를 들여다 보니 싱크대 장난감을 리폼하는 것이 트렌드인 듯했다. 알록달록한 컬러나 소재가 다른 부분을 비슷한 톤, 비슷한 소재로 직접 리폼을 많이 하는 것으로 보였다.

특히 장난감 구성품 중 하나인 싱크볼은 회색 플라스틱이었는데, 그 싱크볼을 바꾸고 싶어 하는 엄마들이 꽤 많은 듯했다. 나는 '이거구나!' 싶은 생각이 들었고 그 싱크볼의 크기를 측정한 뒤 라탄으로 제작했다.

라탄의 특성상 나무를 자른 단면이 드러나는데, 아이들이 사용하기에는 위험할 수 있다는 생각이 들었다. 그래서 자른 단면을 원단으로 가려 다칠 수 있는 위험을 최소화시켰다. SNS에 업로드하자 반응이 왔고, 저렴하지 않은 가격이었음에도 불구하고 주문 제작 요청이 꾸준하게 들어왔다.

핵심 개발 포인트

싱크대 장난감의 싱크볼 자리에 라탄 싱크볼이 걸쳐질 수 있게 사이즈를 맞추는 것이 중요하다. 싱크볼을 걸쳤을 때, 싱크볼과 싱크대 사이의 틈이 최대한 덜 보이도록 엮어야 하는데, 싱크볼의 날개 부분이 직각으로 꺾이게 엮으면 틈 문제는 어느 정도 해결된다. 무늬 넣기 기법을 최소화하고 기본 기법으로만 엮어 전체적으로 통일성이 있어 보이도록 하는 것이 좋다.

볼링 놀이가 가능한 **라탄 볼링핀**

라탄 단체수업을 다녀오는 길이었다. 늘 다니던 길인데 그날따라 유난히 차가 밀렸고, 피곤함과 지루함에 창밖을 보고 있었다. 늘 지나쳐오던 풍경들이 보였고 볼링장 건물도 보였다. 그 볼링장에는 커다란 볼링핀 모형이 있었는데 그 길을 지날 때면 볼링핀 모형을 보면서 '공방에 다 와가는구나'하며 안도하곤 했다.

늘 보던 풍경인데 그날은 유독 그 볼링핀이 눈에 들어왔다. '저 볼링핀을 라탄으로 엮은 사람이 있나? 엮어볼까?'하는 생각이 들었다. 그날 공방에 도착하자마자 볼링핀을 만들었고 장난감 공을 굴려서 볼링 놀이도 해보았다. 생각보다 훨씬 더 예뻤고 볼링 놀이도 가능했다. 나는 바로 사진을 찍고 볼링 놀이를 하는 장면을 영상으로 찍어 SNS에 업로드했다. '주방 도구 세트'처럼 반응이 좋았고 라탄으로 볼링핀을 만들 생각을 어떻게 했냐며 주변 공방 선생님들도 긍정적인 반응을 보내왔다.

단지 그 볼링핀 작품이 마음에 들어서 꽤 멀리서 내 수업을 들으러 와준 수강생도 있었다. 근처에 다른 공방들도 많은데 굳이 멀리에 있는 우리 공방까지 찾아와준 그 수강생이 고맙기도 하고, 미안하기도 했다. 그 수강생은 '제가 좋아하는 코드의 작품을 만드시는 것 같아서 그 감성을 배우고 싶어서 여기까지 온 거예요' 라고 했다. 볼링핀 작품 하나로 나는 더 많은 수강생들을 수업으로 만날 수 있었다.

핵심 개발 포인트

볼링핀을 연상케 하는 레드 컬러로 염색한 환심이 필수적이다. 또한 둥글둥글한 모양을 살려야 하기 때문에 라탄을 엮을 때 힘 조절을 잘해야 한다. 특히 볼링핀의 잘록한 부분에서는 날대의 간격이 매우 좁아져 엮기가 힘들기 때문에 말랑말랑한 사릿대를 선택하여 엮는 것이 좋다. 마무르기를 할 때 볼링핀이 안정적으로 서 있을 수 있도록 같은 높이로 엮어야 한다.

제주 여행 시그니처 **라탄 한라봉**

공방을 오픈하고 얼마 되지 않았을 때, 제주도로 여행을 떠났다. 여행을 떠나기 전 짐을 싸다가 문득 이번 여행의 시그니처를 만들고 싶었다. 그래서 여행 가기 이틀 전, 부랴부랴 라탄으로 한라봉을 만들었다. 윗부분이 봉긋하게 올라오고, 아래 부분은 둥근 모양이 잘 나오도록 엮었다. 한라봉은 특이한 모양 외에 진한 초록색 잎이 포인트라는 생각이 들어서 잎사귀도 하나 만들었다. 그리고 내가 생각했던 한라봉의 색상으로 염색한 뒤 한라봉의 열매 부분과 잎 부분을 연결하여 완성했다.

그렇게 완성된 라탄 한라봉을 들고 제주 여행을 떠났다. 여행지마다 한라봉과 함께 인증사진을 남겼고, 여행 코스 중 하나였던 귤밭에서는 세팅되어 있는 포토존에서 사진도 많이 찍어두었다. 여행을 마치고 한라봉 사진을 SNS에도 업로드하고 공방에도 전시해두었는데, 수강생들 사이에서 인기가 꽤나 좋았다. 반응에 신이 나서 사과 모양도 만들어 보고, 실용성을 위해 뚜껑을 여닫는 수납형 형태로도 만들었다. 당시에 나는 오프라인으로만 주문을 받아 판매하곤 했는데, 제주에서 기념품으로 팔면 어땠을까 하는 아쉬움이 남는다.

핵심 개발 포인트

한라봉의 경우 열매의 윗부분이 튀어나온 것이 특징이다. 이 특징을 잘 살리려면 꼭지 부분을 얇게 시작해야 한다. 이런 경우에는 날대 2개를 1조로 하지 않고 1개를 1조로 하여 엮은 뒤, 몸통 부분으로 내려갈 때 즈음 덧날대를 추가하여 2개 1조로 만들면 된다. 염색 작업을 할 때 한 가지 염료만 사용하지 않고 비슷한 색상의 염료를 섞어 사용하면 조금 더 디테일하게 원하는 컬러로 염색할 수 있다.

자작나무 합판을 활용한 **문패**

타공이 된 자작나무 합판은 라탄 공예에서 많이 사용되는 부자재이다. 같은 나무에서 오는 통일감과 자작나무 합판의 고급스러움이 라탄과 잘 어우러지기 때문이다. 자작나무 합판에 라탄 환심을 꽂아 날대를 만들고 옆면을 올리면 트레이나 바구니, 연필꽂이 등의 작품이 쉽게 완성된다.

특히 라탄을 처음 엮는 사람에게 자작나무 합판은 고마운 존재이다. 바닥짜기를 하지 않아도 되는 편리함이 있기도 하고, 탄탄한 바닥이 되기 때문에 바구니가 흔들거릴 일이 없기 때문이다. 그래서 합판을 사용한 작품은 고객 만족이 높은 편이라 나도 원데이 클래스나 단체 클래스에서 많이 사용하는 아이템이다.

이렇게 바구니의 받침으로만 사용하던 자작나무 합판을 다르게 응용하여 만든 작품이 바로 '라탄 문패'이다. 나는 외부 출강이 잦은 편이라 공방을 비워두는 경우가 많다. 또한 고정 휴일을 정해두지 않았기 때문에 '영업 중'과 '휴업 일'에 대한 안내가 필요했다. 시중에서 판매하는 문패를 사서 쓸 수도 있었지만 이왕이면 라탄을 활용해 나만의 문패를 만들고 싶었다. 라탄으로 글자를 만들어서 붙여볼까 생각하기도 했고, 채반 형태로 만든 작품에 스탠실로 글씨를 표현할까 생각하기도 했다.

그러다가 문득 합판을 양면으로 사용하고 낮은 트레이 형태로 만들면 괜찮을 것 같은 아이디어가 떠올랐다. 바로 실행에 옮겼고 완성된 문패는 내 눈에 너무 예뻤다. 그래서 공방에 필요한 안내사항들을 떠올린

> **핵심 개발 포인트**
>
> 라탄 문패는 양면으로 제작하는 것이 핵심이다. 자작나무 합판에 날대를 심을 때 날대의 양 끝이 각각의 구멍에 들어가는 것이 아니라, 2개의 날대가 자작나무 합판과 수직이 되도록 꽂는다. 이때 날대가 고정된 상태가 아니기 때문에 빠질 수 있으므로 두 줄 꼬아엮기로 엮어 날대를 고정해두면 작업이 수월하다.

뒤, 여러 사이즈의 문패로 만들었다.

    SNS에 업로드한 게시물은 꽤 많은 관심을 받았고, 주변 상가 사장님들에게도 주문 제작 문의가 들어왔다. 마침 캠핑이 사람들 사이에서 유행으로 번지던 즈음이라, 캠핑족들에게도 문의가 들어와 종종 판매하곤 했다. 라탄 문패는 원하는 문구를 정할 수 있고 글씨 폰트, 크기, 컬러 등도 변경이 가능해서 미리 새겨져 있는 문구 외에 다른 문구를 넣고 싶어 하는 사람들을 만족시킬 수 있었다.

선물하기 좋은 **라탄 액세서리**

플리마켓이나 오프라인 소품 샵 등에서 작품을 판매할 때 고객들이 쉽게 접근하고 구입하는 소품들은 헤어핀, 머리띠 등의 액세서리나 키링 등 작은 소품류이다. 아무래도 크기가 작고 가격이 저렴하다 보니 마음에 들면 쉽게 구입할 수 있기 때문일 것이다.

공방에는 대부분 여성 수강생분들이 오시는데, 의외로 가장 만들고 싶어 하는 것이 '라탄 리본핀'이었다. 바구니처럼 일반적이지 않고, 선물하기 좋은 소품이다 보니 딸이나 조카가 떠오른다고 하셨다.

액세서리를 만드는 방법은 간단하다. 리본이나 볼 등 작고 아기자기한 모양을 만든 뒤 헤어끈이나 핀에 붙이기만 하면 된다. 라탄볼 만들기를 응용하여 반지나 팔찌를 만들 수도 있는데, 특히 여름에 인기가 많은 제품들이다. 액세서리 종류는 다양한 두께의 환심을 이용하여 만들 수도 있다. 1mm의 얇은 환심을 사용하여 아주 작게 만들어서 반지나 어린이용 액세서리로 응용할 수 있고, 2.5mm의 두꺼운 환심으로 팔찌나 머리띠를 만들 수도 있다.

요즘은 액세서리 종류도 다양하고 동대문종합상가 외에 인터넷 쇼핑몰에도 관련 부자재를 쉽게 구입할 수 있다.

핵심 개발 포인트

액세서리 종류는 크기가 작기 때문에 짜임과 디테일에 신경을 더 써야 한다. 엉성하고 빈틈이 보이면 더욱 도드라져 보일 수 있으니 틈이 없도록 잘 밀착시키면서 엮어 준다. 액세서리 부자재를 붙였을 때 전체적인 크기와 모양이 균형을 잘 이루도록 신경 써야 한다. 실제 사용할 때 불편함이 없도록 마감과 접착 부분에도 주의를 기울여야 한다.

하나씩 뽑아 쓰는 예쁜 **라탄 여성용품함**

지인에게 집들이 선물로 필요한 것을 묻자 여성용품을 정리할 수 있는 수납함이 있으면 좋겠다고 했다. 여성용품을 정리하려면 상자가 필요한데 그런 수납함은 당장 생활용품 샵에 가도 쉽게 구할 수 있었다. 집들이 선물로 고작 그런 게 필요하냐고 묻자 단순한 바구니 형태가 아니라 생리대를 한 개씩 뽑아쓰는 형태를 가지고 싶다고 했다.

   나는 머릿속으로 대충 구상해 본 뒤 "내가 만들어 줄게!"라고 했다. 집으로 돌아와 지인이 원하는 형태의 수납함을 스케치했고, 어떤 식으로 엮으면 될지를 구상했다. 그리고 지인의 요청대로 생리대를 하나씩 뽑아 쓸 수 있으면서 전체 내용물은 가려지는 형태의 수납함을 완성했다. 뚜껑을 추가하여 내용물이 완전히 가려지도록 했고 제품을 만들고 나니 이 상품은 수요가 있을 것 같았다. 그래서 SNS에 업로드했는데 역시나 반응이 꽤 좋았다.

   게시물을 본 고객의 제작 요청이 들어왔다. 두 가지 형태의 여성용품을 동시에 수납하고 싶다고 했다. 한 칸에는 뽑아서 사용하는 기존 여성용품함의 모양을 살리고, 한 쪽은 탐폰 형태의 여성용품을 수납하고 싶다고 했다. 이번에도 마찬가지로 스케치를 한 뒤 고객의 요청에 맞는 여성용품함을 제작해드렸다. 의뢰했던 고객이 만족스러워 해 더욱 뿌듯했다.

핵심 개발 포인트

여성용품함의 포인트는 하나씩 뽑아 쓸 수 있는 구멍을 만드는 것이다. 이 구멍은 휴지 케이스를 만들 때와 동일한 기법으로 만들면 된다. 즉 되돌아 엮기와 심어짜기를 응용하면 어렵지 않게 만들 수 있다. 수납함이 흔들리지 않게 바닥 부분에 굽을 만들어주면 좋다. 여성용품함은 화장실에서 사용할 확률이 높기 때문에 습기에 강하도록 마감작업을 해야 한다.

 렌즈를 보호해주는 **렌즈캡 홀더**

    렌즈캡 홀더는 특정 타켓을 위한 제품이다. 카메라 렌즈에는 렌즈 캡이 있다. 렌즈 캡은 카메라를 사용하지 않을 때 렌즈를 덮어주는 뚜껑 역할을 하는데, 이 캡 덕분에 렌즈에 이물질이 들어가거나 흠집이 나지 않는다. 하지만 볼펜 뚜껑처럼 분리되어 있는 형태이기 때문에 잃어버리기 쉽다. 그래서 카메라를 쓰는 사람들은 렌즈캡 홀더를 사용한다.

    나는 전문가는 아니지만 종종 사진 촬영을 한다. 그러다 보니 렌즈캡 홀더가 필요한데, 라탄 공방에서 주로 사용하는 카메라이니까 렌즈캡 홀더도 라탄으로 만들어 봐야겠다는 단순한 생각에서 출발했다.

    라탄볼 모양, 리본 모양, 전통문양 등 다양한 모양으로 만들었다. 카메라 렌즈캡의 크기가 작기 때문에 2mm로 엮으면 이렇다 할 모양이 나오기도 전에 렌즈캡을 다 가려버렸다. 그래서 1mm의 얇은 환심으로 만들었다. 미니어처 정도의 작은 크기였지만 카메라에는 잘 어울렸다.

    라탄 렌즈캡 홀더를 사용하니 수많은 카메라들 속에서도 내 카메라를 단번에 알아볼 수 있었고, 카메라를 꺼낼 때마다 주변 사람들이 어디서 샀냐며 묻곤 했다. 이렇게 실생활에서 자주 사용하는 아이템과 라탄을 연결하면 나만의 아이디어 상품을 개발할 수 있다.

핵심 개발 포인트

1mm의 환심으로 엮어야 하기 때문에 손끝의 정교함과 연습이 필요하다. 원하는 디자인을 2mm 환심으로 엮어본 뒤, 마음에 든다면 1mm 환심으로 만드는 연습을 하는 것이 도움이 된다. 1mm로 엮는 게 익숙하지 않은 상태에서 연습 없이 바로 만들면 애초에 예쁘지 않은 작품인지, 엮는 게 서툴러서 마음에 들지 않게 완성된 것인지 모르기 때문이다.

아이디어 노트가 곧 상품 개발 밑천

일상에서 만들고 싶은 소품들이 생기면 바로 만들어 보는 게 가장 좋지만 여건상 생각만 하고 넘어가는 경우가 많다. 집에 가서 만들어봐야지 생각하다가 막상 집에 가면 까먹어서 엮지 못하거나 그날 엮었는데 원하는 모양으로 나오지 않을 수도 있다.

대부분 아이디어가 떠올라도 기록해 두지 않으면 까먹기 쉽다. 나는 노트를 하나 정해두고 그림으로 그려두거나 생각나는 아이디어를 적어두는 편이다. 밖에 있거나 바로 노트에 기록할 상황이 안 되면 핸드폰 메모장에 간단하게라도 아이디어를 기록해둔다. 새로운 수업 커리큘럼을 짜야 하거나 작품 의뢰가 들어왔을 때 그 노트를 들여다보면 새로운 것을 기획하는 데 많은 도움이 된다.

아이디어 노트를 작성할 때는 단순히 글로만 쓰는 것이 아니라 생각해둔 디자인을 그림으로 그려두는 것이 좋다. 대략적인 크기와 어떤 기법으로 엮을 것인지도 함께 적어두면 시간이 지나도 어떤 작품을 구상했었는지 쉽게 떠오른다.

내가 구상하고 디자인한대로 엮었는데 실패 작품이 나왔다면 그냥 넘기는 것이 아니라 실패한 작품에 대해서도 기록해두는 것이 좋다. 실패했던 작품도 시간이 지나거나 마음에 여유가 있을 때 다시 엮어보면 원하는 모양으로 나오는 경우가 많기 때문이다.

또한 디자인의 문제인지, 날대 길이나 개수 등 계산 문제인지 등 실패의 이유도 파악해볼 수 있다. 새로운 작품을 만들 때 여러 번의 시행착오를 겪게 되는데, 그런 과정들을 기록해놓으면 다음 작품을 구상할 때 많은 도움이 된다.

수요보다 내 취향과 관심분야가 우선이다

내 제품을 개발하려면 먼저 나의 취향과 관심분야를 알아야 한다. 내가 어떤 것을 좋아하는지가 명확해야 제품을 개발할 때 진행이 수월해진다.

공방 초기에 판매용 소품으로 잡았던 컨셉은 '미니어처'였다. 당시에도 라탄 소품을 부업과 전업으로 판매하는 사람들이 꽤 있었는데 이미 상위 노출이 되고 있었고 내가 그 시장을 뚫기에는 역부족인 것으로 보였다. 그래서 나는 일반적인 소품을 타깃팅하기보다는 다른 타깃층을 찾아야겠다고 생각했다.

2개 판매하고 끝난 **인형 전용 라탄 소품**

시장 수요조사를 하던 중에 취미로 인형과 피규어를 수집하는 사람들을 타깃으로 하는 소품 샵이 있다는 것을 알았다. 검색해보니 인형 크기에 맞는 라탄백이나 라탄 가구 등을 전문으로 하는 곳이 있었는데 전국에 한두 곳 뿐이었다. 인형에 대한 수요가 생각보다 많아보였고 수요 대비 공급이 적은 느낌이 들어서 나도 인형용 라탄 소품을 개발하기 시작했다.

평소 인형에 관심이 없던 나였지만 상품 개발을 위해 여러 종류의 인형을 구입했고 인형 크기에 맞는 라탄백과 바구니들을 만들었다. 그리고 사진을 찍어서 판매 사이트에 업로드하고 SNS에 홍보글도 올렸다.

하지만 호기롭게 시작했던 인형 전용 라탄 소품은 보기 좋게 실패했다. 실패한 이유는 간단했다. 내가 인형에 관심이 없는 사람이었기 때문이다. 나의 관심 영역이 아니었기 때문에 그들의 니즈를 정확하게 파악할 수 없었다.

또한 샘플을 만들고 판매 페이지에 올릴 사진을 촬영해야 했는데, 가지고 있는 인형 개수와 종류가 적어서 사진 촬영에도 어려움을 겪었다. 결국 내 관심사가 아니었지만, 수요가 있을 거라는 생각에 도전했던 인형 전용 라탄 소품은 '총 2개 판매'라는 소박한 판매율을 남기고 접을 수밖에 없었다. 비록 인형 전용 소품은 실패로 끝났지만 덕분에 수요가 있다고 무조건 뛰어들어서는 안 된다는 교훈을 얻을 수 있었다.

핵심 개발 포인트

미니어처는 1mm의 라탄으로 엮기 때문에 정교함이 필요한 작업이다. 초보자라면 너무 많은 기법을 시도하기보다는 기본 바구니들을 엮으며 손에 익히는 것이 좋다. 날대 간격이 매우 좁기 때문에 송곳 등으로 틈을 눌러가면서 엮어도 좋다. 엮는 방법 등은 2mm 환심으로 엮을 때와 동일하기 때문에 연습만 한다면 귀여운 라탄 미니어처 소품을 만들 수 있다.

기대치에 못 미친 **라탄 애견 소품**

두 번째로 기획했던 것은 라탄 애견 소품이었다. 공방에 방문한 수강생들은 대부분이 반려인이었는데 배변봉투를 담는 라탄 가방이 있으면 좋을 것 같다는 제안을 많이 했다. 요즘 반려견을 키우는 가정이 많아졌고 반려견을 자식처럼 생각하기 때문에 강아지 용품에도 아낌없이 투자를 한다는 것이었다.

나는 이 제안에 솔깃해서 퇴근 후 애견용품 샵을 찾아갔다. 여러 가지 크기의 배변봉투를 구매했고 애견용품들을 한 바퀴 둘러보았다. 둘러보면서 라탄으로 개발이 가능한 소품이 있는지를 물색했다. 그렇게 나름의 시장조사를 마치고 집으로 돌아와 밤새 배변봉투 가방을 디자인했고, 다음날 출근하자마자 만들었다.

배변봉투 가방 외에도 강아지용 라탄모자, 밥그릇 커버 등을 만들었다. 하지만 이 반려견을 위한 라탄소품은 한 개도 판매하지 못하고 접어야만 했다. 왜냐하면 나는 반려견을 키우지 않는 사람이었기 때문이다. 강아지에 대한 이해도나 견주의 마음을 알 수가 없었다. 그러다 보니 자연스럽게 그들의 니즈에 맞는 제품을 개발하기란 쉽지 않았던 것이다.

핵심 개발 포인트

반려동물을 위한 제품을 개발할 때는 먼저 강아지에 대한 이해도가 있어야 한다. 또한 견주의 입장에서 진짜 필요로 하는 것이 무엇인지를 파악하는 것이 중요하다. 단순히 예쁜 소품으로 끝나는 것이 아니라 실제로 사용 가능해야 하고 편리해야 하는데, 이해도가 없다면 장식용 소품으로 끝날 가능성이 높다. 예를 들어 배변봉투 가방을 라탄으로 만든다면 봉투가 찢어지지 않도록 안감 작업을 하고, 쉽게 배변봉투를 꺼낼 수 있도록 잠금장치에 대한 부분을 신경 써야 한다.

실용성이 뛰어난 **라탄 가방**

두 번의 실패 후에 도전한 아이템은 라탄 가방이었다. 나는 처음부터 라탄 가방을 디자인하는 것을 좋아했고, 일상에서 유용하게 활용할 수 있는 라탄 가방을 만들고 싶었다. 그래서 기존에 내가 할 수 있는 원단을 조합하여 공방 특색이 드러나는 가방들을 몇 개 개발했다.

그 당시 공방에서 판매하는 라탄백은 대부분 안감이 없거나 부직포백을 가방 안에 넣어서 안감 대용으로 사용할 수 있는 가방들이었다. 나는 안감 부분에 아쉬움이 크게 느껴져서 실용적인 안감을 만드는 것에 집중했다. 그렇게 활용도 높은 안감을 만들자 조금 더 욕심이 났다. 라탄백은 라탄 바구니의 응용 작품이기 때문에 가방 속의 내용물이 밖에서 그대로 보일 수밖에 없었다. 이 부분을 보완하고 싶어서 원단을 활용하여 잠금이 가능한 다양한 디자인을 연구했다.

가방 시리즈는 꽤 많은 인기를 얻었고, 나는 욕심이 생겼다. 그래서 좀 더 고급스럽고 실용적인 가방을 만들기 위해 공방이 한가한 시즌에 가죽공방을 등록했다. 라탄과 가죽을 연결할 때 어떻게 하는 것이 좋을지에 대한 연구와 함께 가죽을 다루는 방법을 배웠다. 이후 나는 라탄 가죽백을 출시했고, 이 가방은 DIY 키트로도 상품화하여 판매했다.

다양한 종류의 가방을 만들 수 있었던 것은 내가 라탄 가방에 대한 관심도가 높았기 때문이다. 인형용 라탄 소품이나 반려견을 위한 라탄 소품 모두 아이템 자체로는 각광받는 아이템이었고 분명 수요가 있는 것

들이었다. 하지만 나의 관심사가 아니었기 때문에 내가 더 나은 상품을 개발할 수는 없었다.

라탄 가방은 흔한 아이템이기도 하고 다른 공방이나 작가들이 꾸준하게 상품으로 내놓는 제품군이다. 레드오션인 분야에 뛰어든 것인데 쏟아지는 라탄백들 사이에서 관심을 받을 수 있었던 것은 '실용성'이라는 나의 니즈를 반영했기 때문이다.

이렇게 흔한 상품이더라도 관심을 끌만한 하나의 매력 포인트만 살린다면 경쟁력 있는 제품이 될 수 있다. 내가 좋아하고 관심 있는 분야여야 꾸준한 연구가 가능하고, 판매용 상품으로 이어질 확률이 높아진다. 단순히 시장이 좋아보여서 판매 타깃으로 잡는 것은 나의 위치를 더 애매하게 만들 수 있다.

나는 지금도 실용적이고 예쁜 가방을 연구하고 있다.

> **핵심 개발 포인트**
>
> 라탄 가방은 실제로 사용했을 때 불편함이 없어야 한다. 라탄 가방을 완성하고 나면 가방 안쪽에 라탄 환심의 이음새 부분이 드러난다. 날대를 자른 단면이 그대로 드러나는데 이 부분에 손이 긁히거나 다칠 수도 있다. 이런 점을 보완하려면 안감을 넣는 것이 가장 좋다. 안감을 직접 제작하는 것이 어렵다면 원단만 구입하여 근처 수선집에 맡기는 방법도 있다. 라탄이 습기에 취약하기 때문에 비 오는 날에도 사용할 수 있도록 바니쉬나 오일로 마감 작업을 2~3번 해주는 것이 좋다.

나만의 개성이 돋보이는 시즌 상품 개발하기

1년 중 사람들이 지출을 많이 하는 날이 있다. 명절이나 크리스마스, 어린이날과 어버이날처럼 특별한 이벤트가 있는 날에는 많은 사람들이 기꺼이 지갑을 연다.

내가 운영하는 공방 옆에는 꽃집이 자리 잡고 있다. 꽃집은 5월이 극성수기라고 한다. 어버이날과 스승의 날이 있는 달이기 때문이다. 어린 시절부터 어버이날에는 카네이션을 사서 부모님께 드리곤 했다. 이건 나뿐만이 아니라 동시대를 살아가는 우리 모두에게 익숙한 모습이다. 너도 나도 꽃을 사기 때문에 꽃집은 그야말로 극성수기를 보내게 된다.

크리스마스나 발렌타인데이, 화이트데이 등 연인들에게 의미 있는 기념일에도 꽃집은 눈 코 뜰 새 없이 바쁘다. 꽃집처럼 이런 시즌을 노려서 상품을 개발하는 것도 나만의 경쟁력이 될 수 있다.

어버이날처럼 모두가 아는 기념일 외에 개인적인 기념일을 위한 상품도 기획해 두면 좋다. 집들이 선물세트나 신혼부부를 위한 홈카페 세트, 캠핑족을 위한 캠핑용품 세트, 돌잔치를 위한 돌상 세트, 할로윈 호박 세트, 홈가드닝을 위한 화분커버 세트 등 아이템은 구성하기 나름이다.

tip

기존 제품들을 세트화 하는 것도 OK

상품을 마음먹은 대로 개발하는 것이 어려운 초보 작가의 경우에는 기존에 있는 제품들을 한 카테고리로 묶어 세트화 하는 것도 좋은 방법이다. 파티 세트의 경우 기존에 만들어 두었던 소품들을 한 세트로 묶는 작업만 했다.

하지만 지금까지의 경험으로 보면 소비자들은 익숙한 소품들을 세트로 묶은 것만으로도 새로운 제품으로 인식하는

것 같다. 티코스터, 케이크 트레이를 단품으로 올렸을 때에는 미적지근했던 반응이 세트 상품으로 묶어 올리자 큰 반응을 얻었다. 이렇게 세트로 상품을 만들면 업로드용 사진을 촬영하기도 더 수월하다. 판매에는 사진이 큰 역할을 하는데, 세트 상품의 경우에는 콘셉트가 명확하기 때문에 상품을 배치하기가 편하기 때문이다.

세트로 묶는 작업은 그리 어렵지 않다. 라탄으로 만들 수 있는 소품들을 나열한 뒤 용도에 맞게 구분하면 된다. 예를 들어 집에서 사용할 수 있는 라탄 소품은 휴지 케이스, 거울, 조명, 수납 바구니 등이 있다. 이런 항목들을 세트로 묶어 '집들이 세트'라든지, '홈데코 세트' 등의 이름을 붙여주면 된다. 캠핑에서 자주 사용하는 라탄 줄전구 조명갓, 이소가스 워머, 채반 및 수납박스 등을 묶어 '캠핑세트'로 세트화하면 된다.

신박한 아이디어 **할로윈 호박 세트**

공방 오픈 첫 해에 친하게 지내는 라탄 공방 선생님과 시리즈 상품을 계획하고 개발하곤 했었다. 가장 많은 관심을 받았던 것이 바로 '할로윈 호박 세트'였다. '할로윈 호박 세트'는 라탄을 호박 모양으로 만들고 주황색으로 염색해서 진짜 호박처럼 보이게 만든 것이었다. 거기에 할로윈 호박의 시그니처인 눈, 코, 입을 붙였다.

   할로윈 호박을 라탄으로 만든다는 것 자체가 신박한 아이디어였고, 우리는 조금 더 발전시켜서 줄줄이 이어진 전구의 커버로도 만들었다. 그리고 할로윈 파티 용품을 구입해서 공방을 꾸몄고, 호박 세트들도 돋보일 수 있게 배치하여 사진을 찍었다. 이 할로윈 호박 세트는 꽤 많은 관심을 받았고, 이듬해에 여러 공방과 라탄 공예 작가들이 호박 제품들을 출시했다.

> **핵심 개발 포인트**
>
> 호박 모양 바구니는 각이 없이 둥글게 엮는 것이 포인트이다. 바구니의 옆면을 올릴 때 한 번에 날대를 세우지 않고 서서히 올리다 보면 둥근 몸통이 완성된다. 할로윈 호박의 컬러로 염색 후 펠트지나 원단 등을 잘라 이목구비를 완성해 주면 된다. 컬러는 같은 주황색 컬러도 염료의 제조사에 따라 다른 색감이 나오기 때문에, 자투리 환심으로 염색 테스트 후 작업하는 것이 좋다. 원하는 컬러가 없다면 염료들을 섞어 원하는 색을 만들어 사용할 수 있다.

행사 도우미 **파티 세트**

할로윈 시리즈 이후 크리스마스와 새해맞이 파티를 겨냥한 '파티 세트'를 바로 기획했다. 파티 세트는 특별한 시즌을 겨냥했다기보다는 돌잔치나 브라이덜 샤워, 생일, 연말연시 파티 등 상시적인 이벤트를 노린 상품이었다.

파티에는 꼭 필요한 요소들이 있다. 케이크와 디저트들, 그리고 다양한 파티소품과 사진 촬영이다. 세트 상품을 기획할 때 이런 필수 요소들을 파악하고 그에 맞게 라탄 소품을 제작했다. 케이크를 올려둘 트레이, 와인이나 디저트류가 돋보일 수 있는 채반이나 코스터류 등 사진 촬영에 유용한 아이템이 있으면 좋겠다고 생각했다. 이런 저런 아이템을 생각하고 여러 차례 샘플링 작업 후에 더 어울리는 조합을 완성했다. 케이크 트레이와 꽃 모양의 라탄 채반, 라탄 고깔모자와 티코스터를 세트로 묶었다.

제품 홍보용 사진을 찍을 때에는 파티 현장처럼 공방 한 켠을 꾸며서 라탄 제품들이 돋보일 수 있게 배치했다. 파티 느낌의 사진을 촬영함으로써 고객들이 보기에 상품을 구매했을 때 어떻게 사용해야 하는지를 명확하게 알 수 있도록 하였다. 파티 세트는 행사를 기획하는 사람들에게 주기적으로 문의가 왔고, 우리는 세트 상품이 고객들에게 어필된다는 것도 알 수 있는 기회가 되었다.

핵심 개발 포인트

파티 세트는 세부적으로 어떤 파티를 겨냥한 것인지를 파악하여 구성이나 포인트 등에 변화를 주면 좋다. 예를 들어 돌잔치를 위한 돌상 세트를 제작한다면, 떡이나 과일 등의 음식을 올려두는 케이크 트레이와 바구니의 수를 늘리고, 생일파티의 경우 케이크 트레이의 크기를 크게 제작하고 티코스터, 고깔모자 등으로 구성품을 바꾸는 식으로 변화를 주는 것이다.

성인용 가방 축소 버전 **유아용 가방**

조카의 생일선물을 고르기 위해 아동복 매장을 방문한 적이 있다. 아기들 옷이 너무 귀여워서 모두 다 사고 싶은 충동을 힘들게 억누르고 나왔었다.

예전에는 아이들 옷이 알록달록하고 유치했던 것 같은데, 요즘 아이들 옷은 성인복을 축소시킨 것 같은 모양새다. 유행하는 스타일을 손바닥만 한 사이즈로 줄여놓으니 앙증맞고 귀여웠다. 특히 핸드폰도 들어가지 않을 것 같은 작은 가방에 시선이 갔다.

가방 역시 성인 가방의 디자인을 축소시켜 놓은 모습이었다. 다음날 출근한 뒤, 아이용 라탄 가방을 만들었다. 어른용으로 만들어 두었던 가방의 디자인을 아이 사이즈로 맞춰 만들었고, 아이들이 조금 더 편하게 메고 다닐 수 있도록 잠금장치와 크로스용 스트랩을 달아주었다. 다 만들고 나니 앙증맞고 귀여웠다. 게다가 라탄은 아주 가볍기 때문에 아이들이 들고 다니기에 좋았.

가방과 함께 유아용 텀블러백도 함께 만들었고 피드백을 받을 겸 조카에게 선물했다. 조카는 라탄백을 겨울 내내 잘 들고 다녔다고 한다. 동일한 디자인을 성인용 가방과 유아용 가방으로 제작해서 모녀 세트 상품으로 만들었고, 이런 감성을 좋아하는 엄마와 딸에게 좋은 반응을 얻었다.

핵심 개발 포인트

파우치, 크로스백, 백팩, 텀블러백 등 원하는 형태의 가방을 생각해둔다. 성인용 가방을 먼저 제작한 뒤 만족스럽다면 유아용 제품을 만든다. 성인용 가방의 1/2사이즈로 완성할 것인지, 2/3 사이즈로 완성할 것인지를 미리 생각해둔 뒤 날대의 개수와 길이를 결정한다. 꼭 가방 형태가 아니더라도 엄마와 딸 혹은 아빠와 아들처럼 어른과 아이가 사용할 수 있는 소품을 만드는 것도 좋다.

하나만 변화를 주어도 개성이 산다

라탄 공예는 기법 하나만 달라져도 전혀 다른 매력의 작품이 되고, 부자재 사용 여부에 따라서도 새로운 느낌의 작품이 만들어진다. 베이직한 사각 바구니에 칸막이를 추가함으로써 전혀 다른 매력의 칸막이 수납함이 되고, 바구니에 가죽 손잡이를 추가함으로써 더 고급스럽고 실용적인 아이템으로 재탄생된다. 또한 염색 작업을 통해 컬러감을 입히거나 포인트 컬러를 주게 되면 새로운 매력이 보인다.

나만의 제품을 개발하는 것이 부담스럽다면 다른 소재를 섞거나 시그니처 컬러를 정해 포인트를 주는 방식으로 응용하는 것부터 시작해보길 추천한다. 또한 같은 모양의 바구니도 포인트 기법을 다르게 사용하여 다른 작품의 느낌으로 보이도록 하는 것도 좋은 방법이다.

라탄 공예 외에 수공예 취미를 가지고 있다면, 라탄과 접목해 보는 것도 좋다. 미싱이나 손바느질 등 원단을 사용할 수 있다면 가방이나 파우치 등 소품류에 활용해 볼 수 있다. 가죽을 다룰 줄 안다면 가방 덮개나 가방 끈으로 접목하기 좋다.

5장 · 팔리는 상품은 뭐가 달라도 달라야 한다

latan 15

부자재에 따라 용도가 달라지는 **곰돌이 소품들**

부자재를 활용하여 다양한 상품을 응용하는 것도 작품의 개성을 살리는 좋은 방법이 될 수 있다. 같은 디자인의 라탄 제품이더라도 어떤 부자재를 사용하느냐에 따라 전혀 다른 용도의 소품으로 완성되기 때문에 개성 있는 나만의 아이템을 만들었다면 다양한 부자재를 활용하여 상품의 수를 늘릴 수 있다. 예를 들어 곰돌이 모양을 만들었다면 윗부분에 전등이 들어가는 구멍을 만들어 전등갓으로 활용할 수 있고, 안쪽에 도어벨을 달거나 자개 모빌을 연결하여 다른 용도의 소품으로 활용할 수 있다.

반대로 부자재 하나를 선택하여, 라탄 소품의 모양에 변화를 주어 다양한 종류의 상품을 제작할 수도 있다. 예를 들어, 자개 모빌이라는 아이템을 골랐다면, 곰돌이 모양, 토끼 모양, 도토리 모양, 원형, 타원형, 사각 등 다양한 모양의 라탄 바디를 만들고 그 바디에 자개 모빌을 연결하는 것이다. 여러 가지 모양의 자개 모빌을 만들었다면 시리즈 상품으로 출시하는 것도 방법이 될 수 있다.

> **핵심 개발 포인트**
>
> 여러 가지 모양을 개발하는 것이 어렵다면, 라탄 바디의 형태를 통일하고 엮기 기법, 무늬넣기 기법, 마무르기 기법 등 기법을 다르게 하여 디테일에 변화를 주는 좋은 방법이다. 또한 라탄을 염색하여 컬러를 입히거나, 부자재의 컬러를 다르게 하면 훨씬 더 다양한 제품을 만들 수 있다.

칸막이 하나로 특별해진 **사각 바구니**

라탄으로 많이 만들기도 하고 쉽게 접근하는 아이템 중 하나가 바구니이다. 바구니는 소품 샵이나 생활용품 샵 등에서도 많이 팔기 때문에 특별한 바구니가 아니라면 굳이 내가 만든 바구니를 살 이유가 없어진다.

그렇다면 어떻게 특별한 바구니를 만들어야 할까를 고민하게 되는데, 평범한 바구니에 다른 포인트를 한 개만 추가하는 정도로 시작하면 된다. 그 포인트 중 하나가 바로 '칸막이'이다. 사각이나 타원형처럼 길이가 긴 바구니 중간에 칸막이를 한 개 추가하면 더 실용적인 바구니가 된다.

칸막이는 간단하게 만들 수 있고 바구니의 크기나 모양에 상관없이 만들 수 있기 때문에 고객이 요청하는 대로 주문 제작도 가능하다. 게다가 완성한 바구니에 칸막이만 추가하는 형태이기 때문에 소품을 처음부터 다시 만들지 않아도 된다.

핵심 개발 포인트

칸막이는 가로 부분에 설치한다는 고정관념을 버리고, 바구니의 중간에 다양하게 배치해 보면 좋다. 우물 정(井)자 모양으로도 해보고, 피자 조각을 나누듯이 해 보는 것도 좋다. 특별하고 실용적인 칸막이를 통해 나만의 시그니처 상품을 개발할 수 있다. 칸막이를 만드는 방법은 137쪽에 자세히 나와 있으니 참고하기를 바란다.

latan 17

포인트가 있는 **전등갓**

같은 아이템이더라도 크기를 달리하거나 무늬 넣기 기법, 마무르기 기법을 다르게 하면 전혀 다른 제품이 된다. 같은 무늬 넣기 기법으로 엮더라도, 어느 위치에 배치시키느냐에 따라서도 전체적인 느낌이 많이 달라져 다른 디자인의 소품처럼 보인다. 또한 모양, 크기, 마무리가 다 같아도 염색 작업을 통해 다른 컬러로 만들면 분위기가 또 달라진다.

오른쪽 페이지의 전등갓은 좁은 원기둥 모양에서 넓게 퍼져나가는 형태만 비슷하고, 기법이나 컬러 등이 다르게 들어가기 때문에 전혀 다른 디자인 전등갓이 되었다. 이렇게 상품화할 제품의 전체적인 형태를 잡아두고 기법, 컬러, 크기 등으로 변화를 주어 다양한 상품을 개발할 수 있다.

라탄을 엮다 보면 내 취향에 맞는 작품의 느낌을 찾게 되고 조금 더 선호하는 기법이 생기기 마련이다. 꼭 디자인이 특별하지 않아도 내가 좋아하고 잘 할 수 있는 기법 위주로 응용하다 보면 근사한 나만의 제품을 만들 수 있다.

> **핵심 개발 포인트**
>
> 전등갓은 갓이 퍼지는 각도, 직선과 곡선 등에 따라 느낌이 달라진다. 심플한 전등갓을 원한다면 무늬 없이 기본 엮기로 쭉 엮는 것이 좋고, 화려한 전등갓을 원한다면 수레바퀴 무늬나 X무늬 등 화려한 무늬를 많이 넣어주는 것이 좋다. 열기구 모양이나 동물 모양 등으로 변형하거나 원기둥형, 사각형 등의 모양으로 만들면 개성 있는 전등갓을 만들 수 있다.

latan 18

덮개형 휴지 케이스와 뚜껑형 휴지 케이스

처음에는 라탄으로 무엇을 엮든 어려울 수 있지만 하나의 기법에 익숙해지면 이를 응용해 얼마든지 다른 느낌의 제품을 만들 수 있다. 예를 들어 일반적으로 사용하는 원형 휴지 케이스를 만들 수 있으면 이를 응용해 사각형 휴지 케이스를 만드는 과정은 그리 어렵지 않다.

크기를 달리하는 것도 가능하다. 가정에서 사용하는 미용 티슈 크기 혹은 식당이나 카페에서 사용하는 냅킨 크기로 자유롭게 응용할 수 있다.

또한 덮개형 휴지 케이스와 뚜껑형 휴지 케이스도 한 끗 차이다. 일단 덮개형이든, 뚜껑형이든 휴지 케이스를 담는 바구니와 휴지를 뽑아 사용할 수 있는 뚜껑 부분을 따로 만들어 연결하는 것은 같다. 그렇지만 덮개형으로 제작하느냐, 뚜껑형으로 제작하느냐에 따라서 느낌은 많이 달라진다.

> **핵심 개발 포인트**
>
> 덮개형의 경우, 휴지를 덮어 가려주는 형태이다. 뚜껑형의 경우 덮개형 케이스와 동일하게 만들되 높이를 4cm 이내로 만들고, 동일한 사이즈의 몸통 바구니를 하나 더 만들어 합치면 된다. 중요한 것은 뚜껑과 몸통바구니의 사이즈를 맞추는 것이다. 뚜껑형을 만들고 결합하는 과정은 113쪽에 자세히 소개되어 있다.

latan
19

뚜껑을 응용한 **동물 수납함**

굽이 있는 뚜껑을 만드는 방법을 조금만 응용하면 특별한 디자인의 수납함을 만들 수 있다. 뚜껑이 바구니 위에서 덮는 용도가 아닌, 바닥에 깔려서 바구니의 몸통 역할을 하도록 할 수 있다. 바구니 뚜껑의 굽보다는 굽을 조금 더 높게 만들어 그 안쪽을 바구니로 활용하는 것이다.

바구니의 높이는 취향에 맞게 정하면 된다. 깊은 수납함을 만들고 싶다면 굽을 높게 만들고, 낮은 수납함을 만들고 싶다면 낮은 굽을 만들면 된다.

이 방법은 덮개형 바구니와 결합하면 더 실용적인 아이템을 만들 수 있다. 예를 들면 덮개형 휴지 케이스의 경우 바닥을 받쳐주는 부분이 없다. 그래서 휴지와 케이스가 따로 논다는 단점이 있다. 이때 굽 있는 뚜껑을 바닥에 깔리게 하고 덮개형 휴지 케이스를 얹는다면 바닥 받침이 생기기 때문에 휴지가 그 안에 담겨 마치 뚜껑형 휴지 케이스처럼 실용적으로 사용할 수 있다.

오른쪽 페이지 사진처럼 동물 모양을 응용해보거나 과일이나 주변 사물들을 응용하면 나만의 개성 있는 수납함을 만드는 것이 그리 어렵지 않을 것이다.

핵심 개발 포인트

덮개형 바구니를 먼저 완성한 후 뚜껑을 만드는 것이 바구니와 뚜껑의 사이즈를 맞추기 더 편하다. 뚜껑의 굽과 바구니가 딱 맞길 원한다면, 바구니 입구 부분의 윗지름과 안지름을 측정한다. 뚜껑의 전체 지름은 윗지름에 맞추고 굽은 안지름보다 0.5cm 정도 작은 지점에서 만들어준다.

네온 컬러로 포인트를 준 **가방**

라탄 환심의 기본 컬러는 밝은 상아색이다. 염색하지 않은 라탄도 그 컬러만의 매력이 있다. 또한 태닝이 되면 염색과는 다른 느낌으로 컬러가 변한다. 같은 소품이더라도 느낌을 다르게 만들거나 포인트를 주는 방법 중 하나가 바로 '염색'이다.

하지만 기본 컬러를 좋아하는 사람들이라면 염색 외에 다른 방법으로 포인트를 주고 싶어 한다. 이럴 때는 포인트가 되는 원단이나 부자재를 사용할 수 있다. 특히 원단이나 가방 스트랩, 스카프 등의 부자재는 계절에 따라 소재나 컬러를 바꿔줄 수 있기 때문에 한 가지 아이템으로 다양한 변화를 줄 수 있다.

봄에는 특별한 부자재 없이 라탄백 자체로 사용하거나 스카프를 손잡이에 감아 포인트를 주고, 여름에는 시원한 느낌의 네온 컬러를 활용하여 시원한 느낌으로 연출할 수 있다. 가을에는 호피나 코듀로이 원단, 겨울에는 퍼 원단 등을 활용하여 계절감을 나타낼 수 있다.

핵심 개발 포인트

무덥고 축축한 여름에는 기분까지 우울해지기 쉽다. 이럴 때 '쨍'하면서도 강렬한 네온 컬러는 시원한 느낌을 준다. 라탄의 색깔이 튀지 않기 때문에 네온 컬러가 어떤 색이든 다 라탄과 잘 어울린다. 가방 끈이나 손잡이만이라도 네온 컬러로 바꾸면 원래도 시원한 느낌의 라탄이 더욱 시원해진다.

원단으로 **계절감을 살린 가방**

라탄은 동남아시아의 대표 상품이기도 하고 인테리어 소품으로 사용할 때 시원한 느낌을 주기 때문에 여름 제품이라는 인식이 있다. 하지만 라탄은 사계절 내내 사용할 수 있고 계절이 바뀌면 계절감을 나타낼 수도 있다.

봄에는 실크나 레이스 원단 등을 매치할 수 있고, 가을에는 호피무늬나 코듀로이 원단을, 겨울에는 퍼 원단을 사용하여 계절감을 표현할 수 있다. 가을이나 겨울은 옷이나 액세서리의 컬러도 어두워지기 때문에 라탄 바디 자체를 짙은 컬러로 염색하면 패션 소품으로 매치하기에도 좋다.

원단은 마 단위로 구입해도 되고, 스카프 혹은 사용하지 않는 커튼이나 베게커버 등을 활용해도 된다. 원단을 적당한 크기로 잘라 손잡이를 감아주거나 바구니 안감으로 사용할 수 있다. 계절감이 있는 원단을 라탄 바구니와 연결하여 가방으로도 만들 수 있는데, 이 방법 역시 탈부착이 가능하기 때문에 시즌에 따라 시즌에 따라 원단을 교체해 줄 수 있다.

핵심 개발 포인트

계절감을 주기 위해 원단을 새로 구입하는 것도 좋지만 이왕이면 안 입는 옷이나 스카프, 베게커버 등을 이용하면 더 부담 없이 변화를 줄 수 있다. 안감으로 사용해도 좋고, 바디를 감싸주는 모양을 만들어도 좋다. 여러 종류를 만들어 두면 상황과 계절에 맞는 가방으로 언제든 변신시킬 수 있다.

손잡이에 따라 느낌이 달라지는 **바구니**

차별화는 꼭 큰 변화를 주어야만 이룰 수 있는 것이 아니다. 크기와 모양이 비슷하고, 동일한 기법으로 만든 소품이더라도 한 가지 포인트만 다르게 주면 전혀 다른 느낌이 될 수 있다. 그 포인트는 염색, 원단, 칸막이가 될 수도 있고 손잡이가 될 수도 있다. 손잡이는 라탄으로 만들 수도 있고 가죽이나 나무로도 만들 수 있다.

    손잡이는 소재에 따라서도 다른 느낌이 되고, 손잡이의 전체적인 모양이나 개수에 따라서도 전체적인 분위기가 달라진다. 양 손으로 잡는 손잡이를 만들 수도 있고, 한 손으로 잡는 핸들형 손잡이를 만들 수도 있다. 손잡이는 꼭 가방이 아니더라도 바구니나 수납함 등 다른 라탄 작품의 포인트를 주기 위한 용도로 사용되기도 한다.

> **핵심 개발 포인트**
>
> 가죽이나 웨이빙 끈, 나무 손잡이의 경우 라탄으로 만드는 것보다 간단하게 손잡이를 만들 수 있기 때문에 초보자들도 쉽게 할 수 있다. 또한 요즘에는 다양한 크기, 길이, 컬러의 손잡이들을 쉽게 구입할 수 있고 기구나 도구 없이 손잡이를 달 수 있는 제품들이 많기 때문에 개성 있는 소품을 완성하기 좋다.

활용도가 높은 **지퍼와 안감이 있는 바구니**

뚜껑형 바구니는 실로 꿰매 바구니를 연결하는 경우가 일반적이다. 이 방법을 많이 사용하는 이유는 쉽고 간편하게 할 수 있기 때문인데, 쉬운 만큼 허술하기도 해서 힘을 가하면 뜯어질 수 있고 잠금이 되지 않는다는 단점이 있다.

바구니를 좀 더 실용적이고 안전하게 사용하려면 완전히 잠금이 되어야 하는데, 쉽게 시도해 볼 수 있는 방법이 지퍼와 안감을 넣는 것이다. 지퍼와 안감은 실로 꿰매기 때문에 혹시 실수하더라도 다시 뜯어내고 수정할 수 있어 좋다. 또한 완전히 잠궈지기 때문에 안에 내용물이 쉽게 보이지 않아 수납의 역할을 제대로 한다.

지퍼만으로도 잠금 기능은 충분하지만 굳이 안감을 넣는 이유는 전체적인 완성도를 좌우하기 때문이다. 지퍼로 연결하면 지퍼의 마감 부분이 고스란히 드러나게 된다. 또한 라탄 바구니를 완성하면 바구니 안쪽에 절단면이 생기게 되는데 안감을 넣으면 절단면이 가려지기 때문에 훨씬 안전하게 사용할 수 있다.

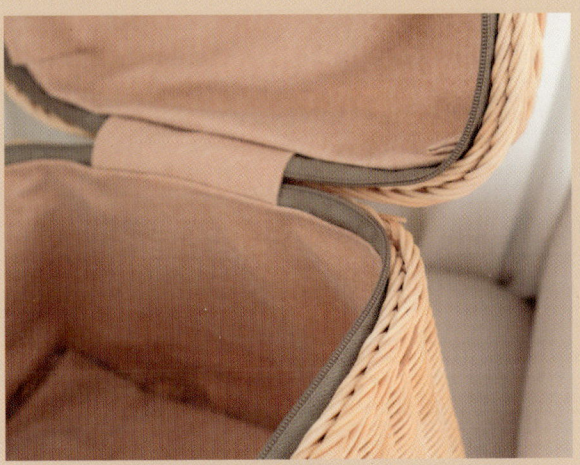

핵심 개발 포인트

안감은 바구니의 바깥 둘레가 아닌 안쪽의 둘레를 측정하여 만들어야 한다. 이때 둘레보다 1cm 정도 여유 있게 만드는 것이 좋다. 지퍼는 지퍼의 이빨 부분이 잘 맞물려야 하기 때문에 집게 등으로 위치를 미리 고정시킨 후 연결하는 것이 좋다. 사각형은 난이도가 있으므로 처음에는 원형으로 해 보는 것이 좋다.

 ## 나만의 디자인 **컵홀더**

컵홀더는 패키지화시키거나 선물용으로 포장하기 좋은 아이템이라 수요가 많은 편이다. 어떤 기법을 넣느냐에 따라 느낌이 많이 달라지기 때문에 나만의 디자인 컵홀더를 제작할 수 있다. 또한 패키지화시키는 컵의 모양에 따라서도 컵홀더의 모양이 달라지기 때문에 매력적인 아이템이다. 손잡이의 유무, 포인트 컬러의 유무, 기법 차이 등 사소한 포인트로 큰 변화를 줄 수 있다.

   컵홀더에 웨이빙 끈이나 가죽 끈을 연결하면 근사한 텀블러백 / 드링크백이 된다. 가방 끈이라는 부자재 하나로 실내용 컵홀더와 테이크아웃용 텀블러백, 두 가지 아이템을 완성할 수 있다.

핵심 개발 포인트

컵홀더 컵의 모양에 맞춰서 딱 맞게 제작하는 것이 포인트이다. 사이즈를 맞추기 위해서는 컵이 포함된 제품을 판매하거나 규격화된 사이즈에 맞게 제작하여 누구나 사용할 수 있도록 하는 것이 좋다. 규격화된 사이즈는 프랜차이즈 카페의 테이크 아웃 컵 등의 크기를 참고하여 만드는 것이 좋다.